DAS NEUE JUNGFRAUEN-KLOSTER IN MOSKAU

Herausgegeben im Auftrag des Dezernats
Kultur und Freizeit, Frankfurt am Main
vom Museum für Kunsthandwerk

Bearbeitung	Marina M. Šwedowa, Moskau Irina G. Borisenko, Moskau
Redaktion	Richard Zacharuk Peter Humeniuk
Übersetzung	Peter Humeniuk
Fotos	Jurij B. Pekurowskij, Moskau
Gestaltung	Christiane Riemann, Frankfurt am Main
Reproduktion	Foto Print Janke GmbH, Frankfurt/Main
Druck	Typo-Knauer GmbH, Frankfurt am Main

ISBN 3-88270-063-7

Stadt Frankfurt am Main

DAS NEUE JUNGFRAUEN-KLOSTER IN MOSKAU

Eine mittelalterliche Schatzkammer der kirchlichen Kunst

Museum für Kunsthandwerk Frankfurt am Main

Ausstellung: 18. Februar bis 6. Juni 1993

INHALT

VORWORT

Die Ausstellung mit Ikonen und kirchlichem Gerät aus dem Neuen Jungfrauen-Kloster in Moskau ist die erste große Ausstellung christlicher Kunst in Deutschland seit der Auflösung der Sowjetunion. Im November 1991 wurde im Moskauer Rathaus ein Kulturabkommen unterzeichnet, das den gegenseitigen kulturellen Austausch zwischen den Städten Moskau und Frankfurt zum Ziel hat. Es ist ein besonderes Glück für beide Städte und insbesondere für Frankfurt, daß nach so kurzer Zeit bereits ein Projekt der gemeinsamen Kulturpolitik zum Tragen kommt. Wir freuen uns daher sehr, daß zwischen dem Historischen Museum in Moskau und dem Frankfurter Museum für Kunsthandwerk eine Ausstellung über das Neue Jungfrauen-Kloster in Moskau vereinbart werden konnte. Dieses große Kloster ist in vielfacher Hinsicht ein bemerkenswerter Ort. Zuerst ist das Kloster für die Geschichte Moskaus von hervorragender Bedeutung. Einst nach einem Gelübde begründet, haben im Laufe der Jahrhunderte wichtige Persönlichkeiten in Verbindung mit dem Kloster gestanden, angefangen von Ivan dem Schrecklichen, der im Kloster seine Tochter Anna taufte, über Boris Godunov, den späteren Zaren, der hier lebte, bis zur Zarin Sofia und schließlich zu Peter dem Großen, unter dem das Kloster in Ungnade fiel. Immer wieder war das Kloster Schauplatz der reichen Geschichte in Krieg und in Frieden.

Neben dem historischen Aspekt ist das Kloster aber auch als architektonische Anlage herauszuheben. Es ist nicht nur Klausur, sondern wie die großen mittelalterlichen Klosteranlagen im Westen wie Cluny in Frankreich oder St. Gallen in der Schweiz, eine Stadt im kleinen, ein eigenständiger Organismus, in dem die Weltgeschichte gleichermaßen Eingang finden kann. Zum dritten ist das Neue Jungfrauen-Kloster ein Zentrum für Kunst und Kultur, ein Ort, in dem über Jahrhunderte kostbare Kunstwerke hergestellt worden sind. Vor allem die Ikonen, die wie kaum ein anderes Kunstwerk die tiefe Verwurzelung des russischen Menschen im Glauben schildern, sind im Neuen Jungfrauen-Kloster zu Ausdrucksträgern von besonderen künstlerischen Leistungen und starker Religiosität geworden. Es ist für unser Haus eine große Bereicherung, daß wir die wertvollen Schätze aus Moskau zum ersten Mal ausstellen dürfen. Das Neue Jungfrauen-Kloster, eine Außenstelle des Historischen Museums, hat seine hochkarätigen Kunstwerke für unsere Ausstellung großzügig zur Verfügung gestellt. Diese Versammlung von Ikonen und liturgischem Gerät ergänzt und erklärt auch die Sammlung von Ikonen des Museums für Kunsthandwerk, die wir als Stiftung von Dr. Jörgen Schmidt-Voigt 1990 empfangen haben und seither im Ikonen-Museum im Deutschordenshaus ausstellen. Es ist eine willkommene Gelegenheit, die Kunstwerke aus kürzester Entfernung zu vergleichen und dabei die beiderseitigen Qualitäten zu entdecken.

Für die Realisierung dieses Projektes bin ich zuerst einmal dem Direktor des Historischen Museums Moskau, Herrn Alexander J. Škurko, sehr dankbar. Er hat mit seinen Mitarbeitern das Vorhaben ermöglicht und die Realisierung vorangetrieben. Ganz besonders dankbar bin ich für den ständigen selbstlosen Einsatz von Frau Dr. Tamara Igumnowa und auch der Leiterin der Sammlungen vom Neuen Jungfrauen-Kloster, Frau Nadeschda F. Trutnewa, die gemeinsam mit unserem Haus die Leihgaben festgelegt und die wissenschaftliche Arbeit daran eingeleitet hat. Sie hat mit ihren Kollegen die Reise der Objekte nach Frankfurt in detaillierter Arbeit vorbereitet und zu einem guten Ende gebracht.

Herrn Alexander Lazarew, dem Leiter des Kulturkomitees in Moskau, bin ich für tätige Hilfe und Rat zu großem Dank verpflichtet. Ich hoffe, daß diese Ausstellung ein Auftakt für weitere, auch wechselseitige Projekte ist.

Dr. Richard Zacharuk, der die Abteilung des Ikonen-Museums in Frankfurt leitet, hat mit seinen Moskauer wissenschaftlichen Freunden das Unternehmen in die Hand genommen und die Ausstellung für Frankfurt Schritt für Schritt entwickelt. Für Beiträge für diesen Katalog danken wir den Autorinnen Frau J. G. Borisenko und Frau M. M. Švedowa, und Dank gebührt dem Übersetzer Herrn Peter Humeniuk und dem Fotografen Jurij B. Pekurovskij sowie Frau Christiane Riemann für die graphische Gestaltung des Kataloges, für Einladung und Plakat zur Ausstellung, Frau Alexandra Bersch für kundige restauratorische Betreuung.

Dr. Arnulf Herbst
Direktor des Museums für Kunsthandwerk

ZUR ENTSTEHUNG DES NEUEN JUNGFRAUEN-KLOSTERS

Das Neue Jungfrauen-Kloster (Novodevičij monastyr')in Moskau stellt ein bemerkenswertes architektonisches Emsemble mittelalterlicher Bauten dar. An seiner Entstehung waren Meister verschiedener Kunstrichtungen beteiligt. Ihre Hände schufen mannigfaltige Bauten auf dem Territorium des Klosters: die festliche Kathedrale, kleine Kirchen, fürstliche Wohngemächer, bescheidene Zellengebäude, Festungsmauern und Wachtürme, den Glockenturm, das Krankenhaus und weitere Bauten. Dieser vielseitige Komplex, verbunden durch die einheitliche Struktur der Planung, schuf aus dem Neuen Jungfrauen-Kloster ein einzigartiges Ensemble, welches lange eine dominierende Stellung in der Stadtbebauung des süd-westlichen Teils Moskaus einnahm.
Beachtlich ist der historische Hintergrund des Neuen Jungfrauen-Klosters, es wurde zum Schauplatz bekannter Ereignisse der russischen Geschichte.
Das Moskauer Neue Jungfrauen-Kloster wurde 1524 gegründet. Es entstand in Folge eines großen militärischen und diplomatischen Sieges Rußlands. Im Jahre 1514 führte die russische Streitmacht die alte Stadt Smolensk, welche sich über hundert Jahre unter polnisch-litauischer Herrschaft befand, zurück in den Verbund Rußlands. Zum Gedenken an dieses Ereignis wurde nach dem Willen des Großfürsten Vasilij III. ein Frauen-(Jungfrauen-) Kloster gegründet. Vor dem Feldzug auf Smolensk gab der Fürst das Gelübde ab, im Falle eines Sieges „... an der Moskva, am Stadtrand ein Jungfrauen-Kloster zu errichten, und in ihm Gotteshäuser im Namen der Allreinen und im Namen der Enstehung des Wahren Kreuzes und andere Gotteshäuser."[1]

Smolensker Kathedrale. 1524–25.
Blick von Westen.

Für die Einrichtung des Klosters stiftete Vasilij III. dreitausend Rubel in Silber und Dörfer, die dem Hofe gehörten und die Grundlage der klösterlichen Wirtschaft bildeten.
Zu Zeiten Ivan des Schrecklichen (Ivan IV.) festigte sich die Stellung des Klosters. Der Zar taufte hier seine Tochter, die Zarentochter Anna. Später empfingen Verwandte Ivan des Schrecklichen hier die Nonnenweihe, ebenso Witwen und Töchter in Ungnade gefallener Fürsten und Bojaren.
Im Januar des Jahres 1598 wählte die russische Thronfolgerin, Irina Fedorovna Godunova, nach dem Tode des Zaren Fedor, eben dieses Kloster zum Ort ihrer freiwilligen Nonnenweihe. In diesem Zusammenhang wohnte im Kloster, von Janunar bis April 1598, ihr Bruder Boris Godunov, der, noch zu Lebzeiten des Zaren Fedor, faktisch die Staatgeschäfte führte. Dreimal versammelte sich im Februar das Volk vor dem Kloster, um Godunov zum „Zarstvo" (zur Übernahme der Zarenmacht; Übers.) zu bewegen. Mit aktiver Unterstützung des Patriarchen Hiob erlangte Boris schließlich den russischen Thron. Am 21. Februar des Jahres 1598 ernannte Patriarch Hiob Boris Godunov in der Smolensker Kathedrale des Neuen Jungfrauen-Klosters zum Zaren.
Der neue Zar stiftete dem Kloster große Geldbeträge. Dank dieser Mittel entstanden „Ergänzungen" in der Smolensker Kathedrale des Klosters. Die ersten Festungsmauern wurden errichtet, die die ursprüngliche Holzumzäunung ablösten. Die neuen Festungsmauern sollten zwei Aufgaben erfüllen: sie sollten das Maß der Sicherheit, des am Stadtrand befindlichen Klosters erhöhen, in welchem sich die Schwester des Zaren als Nonne befand; und, indem die topographisch günstige Lage des Klosters genutzt wurde, bekam dieses an der Kreuzung der Stadtwege eine strategische Bedeutung für die Stadt Moskau – im Osten ver-

Bau des Neuen Jungfrauen-Klosters.
Miniatur aus der Nikon-Chronik. 16 Jh.

lief der Landweg nach Smolensk und im Westen die Wasserstraße, die Moskva mit ihren Furten; das Kloster bekam den Rang eines Wachpostens. Für den Wachdienst wurde dem Kloster eine Garnison „Strel'ci"[2] zugeteilt. Die Sorgen des Zaren waren, durch vorangegangene Überfälle der Krim-Tataren, gerechtfertigt.

In der „Zeit der Wirren" wurde das Neue Jungfrauen-Kloster grausam verwüstet, auf den Festungsmauern erschien abwechselnd die russische Landwehr und die polnisch-litauische Schlachta.[3] Der „Neue Chronist" berichtete: „... es kam die Streitmacht aus dem Ponizov'e[4] bis vor Moskau und nahm das Neue Kloster der Jungfrauen ein, und aus dem Kloster nahmen sie die Nonnen ins Lager und verwüsteten das Kloster und brannten es ganz aus."[5]

Im August 1612 fand, an den Mauern des Neuen Jungfrauen-Klosters, eine Entscheidungsschlacht statt, im Zuge derer Moskau von den polnischen Invasoren befreit wurde.

In der Mitte des 17. Jhs. bezogen das Kloster, auf Erlaß des Zaren Aleksej Michajlovič, „Kiever-Nonnen" aus ukrainischen und weißrussischen orthodoxen Klöstern. Mehr als ein Jahrhundert hielt sich der Brauch, die Äbtissinnen aus der „Smolensker Schlachta" zu wählen. Eine ehemalige „Kuteiner Nonne" war die Äbtissin Pamfilija Potemkina, unter deren Führung sich die erzwungene Weihe der Zarentochter Sofia Alekseevna in den Nonnenstand vollzog.

Zu seiner Blütezeit kam das Neue Jungfrauen-Kloster in den letzten zwanzig Jahren des 17. Jhs., also zur Zeit der Regentschaft Sofias (1682–1689). Ihr gewaltiger Einsatz für das Kloster, erklärte sich vielleicht aus der Absicht, aus dem Kloster eine Art höfischen Vorstadt-Bereich zu machen, wohin man sich von politischen Sorgen zurückziehen konnte und wo man den zum Gebet kommenden Zarentöchtern festliche Empfänge geben konnte. Die Einengung ihrer Regentschaft, begrenzt durch das Jahr 1689, dem Datum der Volljährigkeit ihres jungen (Halb-)Bruders Peter I., drängte Zarin Sofia zu einem politischen Kampf um den Thron.

Das Neue Jungfrauen-Kloster.
Radierung nach einem Foto von Scherer. 19. Jh.

Im Jahre 1689 initiierte die Regierung Sofias in Moskau einen Aufstand der Strel'ci, welcher die Zarenfamilie in zwei feindlich-bewaffnete Lager spaltete: auf der einen Seite Sofia mit ihren Schwestern und den Strel'ci im Kreml; auf der anderen Seite Zarevič Peter mit seiner Mutter und dem sog. „Spielregiment" im Dreieinigkeits-Sergius-Kloster. Diese Machtentzweiung war von kurzer Dauer und endete mit der Niederlage Sofias und ihrer Anhänger. Als Wohnort und Bleibe wurde ihr das Neue Jungfrauen-Kloster angeboten. Von dort aus versuchte die Zarentochter, einen weiteren Aufstand der Strel'ci zu organisieren, um den Thron wieder zu erobern. Die Rebellion der Strel'ci im Jahre 1698 endete mit einer völligen Niederlage und der zwangsweisen Nonnen-Weihung Sofias, die den Namen Susanna erhielt. Sie starb im Jahre 1704 und wurde in der Smolensker Kathedrale des Neuen Jungfrauen-Klosters beerdigt.

Regentin Sofia Alekseevna (1657–1704). Radierung von Bloteling.

Im Oktober des Jahres 1698 wurden öffentliche Hinrichtungen der Strel'ci und ihrer Anhänger an verschiedenen Plätzen Moskaus vollzogen; u.a. wurden, vor den Mauern des Neuen Jungfrauen-Klosters, gegenüber den Gemächern der Nonne Susanna, die Galgen von 193 Strel'ci aufgestellt. Mit diesem Ereignis beschließt sich eine ganze Epoche der Existenz des Neuen Jungfrauen-Klosters; unter Peter I. fällt dieses in lang andauernde Ungnade. Die Leitung der Klosterverwaltung ging an den Preobraženskij prikaz.[6] Die Regierung erlegte dem Kloster Abgaben und Steuern auf.
In den Jahren 1724–1725 wurde in dem Neuen Jungfrauen-Kloster ein „Waisen-Gebäude" für 252 Kinder errichtet, ebenso ein Krankenhaus für Soldaten und Offiziere. Die Verwaltung der klösterlichen Ländereien wurde dem Monastyrskij-prikaz[7] übergeben.
Ende des 17.–Anfang des 18. Jhs. galt das Neue Jungfrauen-Kloster als das zweitreichste, unter den Frauenklöstern, nach dem Himmelfahrts-Kloster im Kreml. Auf seinen Namen waren etwa 15.000 Seelen Leibeigener eingetragen und mehr als 150.000 „Des'jatin"[8] Ländereien in 36 Dörfern, verteilt auf 27 Landkreise, von der Onega bis zur unteren Wolga. Die ausgedehnte Wirtschaft verlangte eine Kontrolle seitens des Klosters, und so war dieses gezwungen, eine Art Administration zu unterhalten, die sich mit der Einsammlung der klösterlichen Auflagen bzw. der staatlichen Besteuerung befaßte, die die gegenseitigen Beziehungen mit den landbesitzenden Nachbarn regelte, die Klagen der Bauern untersuchte usw.
Neben dem landwirtschaftlichen Besitz, welcher dem Kloster die Existenzgrundlage bot, gehörten diesem große Besitztümer im Stadtbereich – Vorstadtsiedlungen (slobody) und bewirtschaftetes Hofland. Eine Vorstadtsiedlung lag entlang der Straße zum Kreml, ihr wurden 1638 hundertsiebenundzwanzig Handwerker zugeschrieben.
Im Jahre 1762 wurden alle Arten des klösterlichen Grundbesitzes durch Geld und Getreide entlohnt.
Das letzte historisch bedeutende Ereignis, an dem das Neue Jungfrauen-Kloster teilhatte, war der 'Vaterländische Krieg' des Jahres 1812. Die Truppen Napoleons besetzten, als sie in Moskau eintrafen, das Kloster am 8. September 1812. Ein Teil der Nonnen verließ das Kloster, unter der Führung der Äbtissin Mefodija Jakuškina, und brachte die Sakristei nach Vologda. Napoleon befahl die Kloster-Festung als Proviantlager zu nutzen, indem er an der Westmauer, aus den Schießscharten der Torkirchen-Vorhallen, einen zusätzlichen inneren Wall errichtete und die Kirche Johannes des Täufers zerstörte, welche sich an der Ostwand befand.
Vor ihrem Abzug versuchten die Franzosen die Smolensker Kathedrale, die Mariä-Himmelfahrts-

Kirche (Uspenskaja cerkov') mit dem Refektorium und die Zellen zu sprengen. Den übrig gebliebenen Nonnen gelang es jedoch die Explosion zu verhindern, indem sie die Lunten, die zu den Pulverfässern führten, löschten.
Ende des 18. Jhs. bis zum Jahre 1868 wurde das Neue Jungfrauen-Kloster von der Kirchenführung als Besserungsanstalt für Frauen, die vom Kirchengericht verurteilt waren, genutzt. Die weitere Geschichte des Klosters, bis zu seiner Schließung 1922, verlief ohne nennenswerte Ereignisse.
Im Jahre 1922 wurde durch staatlichen Beschluß auf dem Territorium des ehemaligen Neuen Jungfrauen-Klosters ein Museum eingerichtet, welches 1934 zu einer Zweigstelle des Staatlichen Historischen Museums wurde. In der Sammlung des Museums befindet sich eine bedeutende Kollektion von Werken altrussischer Malerei und dekorativ-angewandter Kunst.
Die Restaurierungsarbeiten, die z. Z. im Bereich des Museums stattfinden, geben diesem alten Denkmal der russischen Geschichte und Kultur das ursprüngliche Aussehen zurück.

Zar Joann und Peter Alekseevič.
Radierung von Larmessen. 1685.

Das gegenwärtige architektonische Ensemble des Neuen Jungfrauen-Klosters fügte sich im 16. Jh., seine Entwicklung und Vollendung geht auf die 80er Jahre des 17. Jhs. zurück.
Das Kloster ist eindrucksvoll an einer erhobenen Landzunge angelegt, zwischen dem Landweg (Smolensker Straße) und dem Hauptwasserweg (der Moskva). Die grundlegenden Steinbauten sind im Plan achsenartig angelegt, sie überschneiden sich im rechten Winkel. Auf der Ost-West-Achse stehen drei Gebäude: der Glockenturm, die Smolensker Kathedrale und die Mariä-Himmelfahrts-Kirche mit dem Refektorium. Die Nord-Süd-Achse verläuft durch die Nordtore der Christi-Verklärungs-Turmkirche, die Smolensker Kathedrale und die Mariä-Schutz-Torkirche. Das geometrische Prinzip der Planung festigt noch die zentrale Stellung der Smolensker Kathedrale und macht diese „unangreifbar" gegenüber dem Charakter der späteren Bebauung.

Gegen Ende des 17. Jhs. wurde der Hof des Klosters in einen nördlichen Haupt- und Empfangsplatz vor der Kathedrale, und einen südlichen Teil begrenzt durch die Räumlichkeiten des Wirtschafts- und Wohnbedarfs, zweigeteilt. Der Vorplatz der Kathedrale bildet ein fast regelmäßiges Quadrat zwischen den Eingangstoren, der Smolensker Kathedrale und zwei symmetrischen Zellen-Gebäuden, von Osten nach Westen. Ein Teil des Komplexes der Wirtschafts- und Wohngebäude des Klosters lehnen sich an die Festungsmauer, sie sind gewissermaßen in die Umzäunung „eingebaut".
In den ersten Jahrzehnten seines Bestehens war die Smolensker Kathedrale der einzige Steinbau

des Neuen Jungfrauen-Klosters, alle anderen Bauten waren aus Holz – die Umzäunung, die Zellen, der Glockenturm, das Refektorium usw. Im Laufe der Zeit ersetzte Ziegel und weißer Stein das Holz, nur ein Teil der Wohn- und Wirtschaftsgebäude blieb bis ins 18. und 19. Jh. aus Holz gefertigt.
Die Smolensker Kathedrale (1524–1525) ist das älteste Bauwerk aus Stein auf dem Territorium des Klosters. Die Jahres-Chroniken berichten, daß die Smolensker Kathedrale in weniger als zwei vollen Baujahren errichtet wurde. Der Grundstein wurde am 13. Mai 1524 gelegt, die Weihe fand am 28. Juli 1525 statt. Der Idee nach sollte die Kathedrale das wichtigste, repräsentative Gotteshaus des Klosters werden, eingerichtet für die Durchführung der Gottesdienste von der Frühlingszeit bis zur Herbstzeit (diese eingeschlossen).

Die unternommenen Versuche, die Kathedrale zu beheizen, Anfang des 20. Jhs., blieben erfolglos. Seiner Architektonik nach ist die Smolensker Kathedrale ein Gotteshaus mit sechs Säulen und fünf Kuppeln und einem sehr geräumigen Innenraum. Der hohe „Četverik“[9] des grundlegenden Umrisses der Kathedrale erhebt sich über die breite steinerne Galerie, welche die Kathedrale von drei Seiten umrundet. Diese architektonische Bauweise wurde von den Meistern Ende des 17. Jhs. angewendet und gab dem Neuen Jungfrauen-Kloster ein barockes Ensemble. Die fünf Kuppeln des Gotteshauses sind stark nach Osten versetzt. Außerdem hat die Kathedrale nur östliche Schwellen und merklich herausragende Apsiden, was den Eindruck einer unharmonischen Räumlichkeit vermittelt. Dessen ungeachtet wirkt der Innenraum der Kathedrale harmonisch. Die Beendigung der Restaurationarbeiten an der Kathedrale führte zum Schlüssel des Rätsels, es wurde Mauerwerk für zwei Seitenaltäre, auf dem Westflügel der Galerie, offengelegt. Diese zwei westlichen Seitenaltäre standen einst dem östlichen entgegen und stellten ein architektonisches Gleichgewicht im Raum her.

Die dekorative Ausstattung der Smolensker Kathedrale dient in erster Linie einer Betonung der konstruktiven Besonderheiten. Erst aus der Nähe wird das niedrige Relief auf den Mauern sichtbar, es schafft Abstufungen flacher Lisenen, welche die Eigenheit der Architektur hervorheben und die Fassade gleichzeitig schmücken. Dekorativen Zweck hat nur der nicht hohe architektonische Gürtel auf den Apsiden, der durch Säulen, entlang der Fenster des ersten Geschosses verstärkt ist.
Neben der Smolensker Kathedrale zählen die Ambrosius-Kirche, das Refektorium und der Palast von Irina Godunova zu dem ältesten baulichen Komplex. Diese aneinandergefügten Gebäude schaffen einen an Höhe und Breite unterschiedlichen Verband.
In verschiedenen geschichtlichen Zeitabschnitten hatte dieser Baukomplex unterschiedliche Bestimmungen. Als in sich abgeschlossener Hof im Kloster, war er für die weiblichen Verwandten Ivans IV. – Ul'jana Udel'naja und Irina Godunova bestimmt. Eine zeitlang war dieser Komplex eine Klosterkirche für den Winter. Ende des 17. Jhs. wurde er in eine beheizte Krankenhaus-Kirche umgebaut und durch einen überdachten Gang mit der Mariä-Himmelfahrts-Kirche verbunden. Nach dem Brand Ende des 18. Jhs. wurde er nochmals umgebaut und verlor endgültig die Züge seines ursprünglichen Aussehens.

Die Festungsmauern des Neuen Jungfrauen-Klosters bilden der Form nach ein unregelmäßiges Fünfeck und umfassen den Klosterhof mit einer Gesamtfläche von fünf Hektar. Die Länge der Mauern beträgt etwa 870 Meter, ihre Höhe erreicht stellenweise 11 Meter. Auf den Umfassungsmauern sind 12 Türme verteilt. Die vier Ecktürme sind rund und stark aus der Mauerfläche nach vorne herausgerückt. Die acht weiteren Türme sind nach innen versetzt und quadratisch. Die Grundsteinlegung der Mauern, Anfang des 17. Jhs., erfolgte aufgrund einer Spende Boris Godunovs, „für kirchliche und klösterliche Bauten“.

Gemächer von Irina Godunova und Refektorium mit der Ambrosius-Kirche. 16. Jh. Rekonstruktion nach D. P. Suchov.

Da das wesentliche Stein-Ensemble des Klosters im neuen architektonischen Stil, dem „Moskauer Barock", gebaut wurde, erfuhren die Mauern und Türme starke bauliche Veränderungen. Im ganzen sind Mauern und Türme des Klosters, in ihrer gegenwärtigen Gestalt und architektonischen Lösung, den Kremlmauern und -türmen verwandt.
Dem Neuen Jungfrauen-Kloster sind 8 Steingebäude, die in die Befestigung eingebaut sind, erhalten geblieben, vier davon sind neben den runden Ecktürmen angelegt. Dies waren Wachgebäude für die Unterbringung der Strel'ci-Garnison und Waffenhäuser.

Die Wachgebäude wechselten ihre Bestimmung, in einem von ihnen, dem Gebäude neben dem Naprudnyj-Turm, waren möglicherweise die Zellen der zur Nonne geweihten Zarentochter Sofia. Im 18. Jh. wurde dieses Gebäude als Archiv genutzt, was sich Ende der 50er Jahre des 20. Jhs., durch einen Fund von Archivunterlagen, unter dem Boden des Wachgebäudes, bestätigte. Außerdem blieben im Kloster einige Steingebäude erhalten, die in die Klostermauern eingebunden sind. Sie gelten als Wohngemächer der Zarentöchter, Maria, Katherina und Evdokija Miloslavskij (Schwestern Peter I.). Trotz ihrer sehr verschiedenen äußeren Gestalt, sind sie nach einem einheitlichen Prinzip erbaut worden: der unmittelbare Ausgang aus den Wohngemächern in die Kirchen des Klosters.

Die 80er Jahre des 17. Jhs. können als die aktivste Periode der Bautätigkeit in der Geschichte des Klosters aufgefaßt werden. Auf seinem Territorium wurden, innerhalb von sieben Jahren, 6 Steinkirchen errichtet und geweiht.

Die Baumeister berücksichtigten bei der Schaffung des neuen Baustils des russischen Barock schon vorhandene Formen, z. B. die Gestalt des Fundamentes der Kirche, das auf einem breiten Sockel ruht. Auf hohen Sockeln der Tore aus weißem Stein stehen ebenso die Torkirchen. Der breite Gürtel des offenen Wandelgangs umrundet die Mariä-Himmelfahrts-Kirche und das Refektorium; auf einem breiten Unterbau aus weißem Stein erhebt sich der Glockenturm.

Die Meister Ende des 17. Jhs. erarbeiteten für alle Bauten verbindliche Prinzipien des Mauerschmucks und eine einheitliche Komposition bei der Kompletierung des architektonischen Ensembles.

Im Jahre 1685 wurde, westlich der Smolensker Kathedrale, der Grundstein für das große Refektorium und die zweistöckige Mariä-Himmelfahrts-Kirche gelegt. Der geräumige Saal des Refektoriums, mit einer Fläche von 393 Quadratmetern, wurde ohne eine einzige Stützsäule errichtet und stellte ein für diese Zeit einzigartiges Bauwerk dar. Im zweiten Stockwerk der Mariä-Himmelfahrts-Kirche war die kleine Kirche des Heiligen Geistes angelegt. Dorthin wurde im Winter die Ikone der Smolensker Gottesmutter aus der Kathedrale hinübergetragen.

Der schwere Brand im Jahre 1796 und die Aufbauarbeiten, die danach durchgeführt wurden, änderten die ursprüngliche Gestalt des Refektoriums und der Kirche.

Im 19. Jh. wurde, aufgrund der Baufälligkeit, der offene Wandelgang, der das Refektorium und die Kirche umrundete, abgetragen, statt dessen entstanden überdachte Eingänge. Die eleganten fünf Kuppeln der Mariä-Himmelfahrts-Kirche wichen einem einzigen, ebenmäßigen, achteckigen Zylinder mit feinen Säulen an den Ecken und einer leicht nach oben gestreckten Kuppel.

Über den nördlichen Haupt-Toren wurde eine breite Fläche geschaffen, umzäunt von einer niedrigen Brüstung. In den Jahren 1687–1688 wurde hier die Christi-Verklärungs-Torkirche erbaut, die an die Lopuchin-Paläste anschließt. Von 1727 bis 1731 wohnte hier die erste Frau Peters I. – Evdokija Lopuchina; später waren hier die Gemächer der Äbtissinnen. Der weiße Steinschmuck der 30 Meter hohen Christi-Verklärungskirche dient einer einzigen Idee – die Eleganz und Schwerelosigkeit des festlichen Bauwerks zu unterstreichen.

Die südlichen Tore wurden in den Jahren 1683–1688 umgebaut, die Mariä-Schutz-Torkirche und die Marien-Kirchen bildeten danach einen Komplex. Es wird vermutet, daß hier, neben der Zarentochter Maria Alekseevna, ihre Schwester Sofia, nach ihrer Gefangennahme, wohnte. Die Lösung der Mariä-Schutz-Torkirche ist allerdings eine andere als die der Mariä-Himmelfahrtskirche. Erstere hat drei Kuppeln, die in einer Reihe, von Osten nach Westen angeordnet sind – ein Verfahren, das in der ukrainischen Baukunst angewendet wurde –, auch ist der weiße Steinschmuck der Mariä-Schutz-Torkirche bescheidener.

Zeitgleich mit den „Marienkirchen" und „Lopuchinpalästen", den südlichen und nördlichen Torkirchen, wurden neue Klosterzellen aus Stein gebaut. Die größte Zelle befand sich gegenüber den Lopuchin-Palästen. Hier wohnten die Nonnen des Chors, daher bekam das Gebäude auch die Zusatzbezeichnung „Singend".

Zwischen den Nordtoren und der Kathedrale befand sich ein nicht sehr großes Ziegelgebäude mit hohen, harmonischen Säulen aus weißem Stein und einem hölzernen Überbau, der im letzten Jahrhundert hinzugebaut wurde. Hier wohnte die Mutter-Schatzmeisterin, daher die Bezeichnung „Schatzmeister-Gebäude".

Das Klosterkrankenhaus, süd-östlich der Kathedrale, wurde mehrfach umgebaut und verlor seine ursprüngliche Gestalt.

Im letzten Jahr der Regentschaft Sofias wurde östlich von der Kathedrale, auf gleicher Achse mit dieser, der fünfstöckige und 72 Meter hohe Glokkenturm errichtet. Die Erbauer des klösterlichen Glockenturms umgaben das erste Geschoß mit einem durchgehenden runden Gang aus weißem Stein, dabei verdeckten sie geschickt die Schwere der Mauern, deren Stärke stellenweise drei Meter erreicht. Der achteckige Grundriß jedes Geschosses rundet sich, aufgrund der an den Ecken aufgestellten Säulen. Die Details des weißen Steinschmucks, die dem Dekor der Kirchen entlehnt sind, lassen den Eindruck einer Einheit des Ensembles entstehen. Im ersten und zweiten Geschoß des Glockenturmes waren Kirchen eingerichtet, im dritten und fünften Geschoß befanden sich die Glocken. Mit der Vollendung des Glockenturmes endete im Neuen Jungfrauen-Kloster der Zeitabschnitt des intensiven Bauens mit Stein. Es hatte sich ein architektonisches Ensemble im Stile des „Moskauer Barock“ gebildet.

In den folgenden zwei Jahrhunderten wurden in dem Neuen Jungfrauen-Kloster hauptsächlich Reparaturen aller möglichen „Baufälligkeiten“ durchgeführt. In den 20er Jahren des 18. Jhs. wurde ein Anbau zu einem der Steingebäude, gegenüber der Mariä-Himmelfahrts-Kirche, errichtet, in dem sich Räume für Waisen befanden. Mitte des 19. Jhs. wurde nördlich des Glokkenturmes, von den Kaufleuten Filat'evy, ein zweistöckiges Haus gebaut, als Lehranstalt für Mädchen.

Ein charakteristisches Merkmal des Klosters war die Anlage von Friedhöfen auf seinem Territorium. Als ältester Teil des Klosters gilt das Untergeschoß der Smolensker Kathedrale, welches schon im 16. Jh. eine Totengruft des Moskauer Adels war.

Anfang des 18. Jhs. wurden im Četverik der Kathedrale, neben der Südwand die Schwestern Peters I. (Sofia, Katherina, Evdokija) und seine erste Frau Evdokija Lopuchina bestattet. Nach einem Erlaß aus dem Jahre 1727 entstand auf dem Kloster-Territorium ein Stadtfriedhof. Gegen Ende des Jahrhunderts zählte er bis zu 3000 Gräber.

Bis in die gegenwärtige Zeit ist ein unbedeutender Teil des geräumigen Kloster-Friedhofs erhalten geblieben.

Einen kunsthistorischen Wert bildet eine Sammlung von über zwölftausend Werken altrussischer Malerei und angewandter Kunst, in Beständen und Ausstellungsmuseen des Neuen Jungfrauen-Klosters.

Die Smolensker Kathedrale bewahrt die wichtigsten Züge der monumentalen Ausschmückung russischer Kirchen: Freskenmalerei und eine geschnitzte, fünfstufige Ikonostase.

Die Smolensker Kathedrale ist in der Technik der Freskenmalerei der ersten Hälfte des 16. Jhs. ausgemalt. Mit Mineralfarben, auf feuchtem Verputz, erhielt man große farbenprächtige Maueroberflächen. Die endgültige Ausarbeitung geschah auf trockenem Grund mit Tempera.

Die Wandmalereien der Smolensker Kathedrale beinhalten, neben allgemeinen christlichen Themen, Motive der russischen Geschichte der ersten Hälfte des 16. Jhs.. Die Ehrenplätze nehmen Fürsten und Feldherren ein. Wir finden Darstellungen der heiligen Fürsten Andrej Bogoljubskij, Vsevolod – Gavril, Boris und Gleb, Michail Černigovskij. Unter der Gruppe der heiligen Ehefrauen, erscheinen Darstellungen der heiligen byzantinischen Kaiserinnen, da die Mutter Vasilij III., Sofia Paleolog, die letzte byzantinische Prinzessin war. Die Auswahl dieser Heiligen sollte daran erinnern, daß die Kathedrale mit den Geldmitteln des Moskauer Großfürsten erbaut wurde und in Angedenken an seinen Feldzug nach Smolensk. Besorgt um die Schaffung eines mächtigen, einheitlichen Staates, war Fürst Vasilij III. die Darstellung eines Stammbaumes heiliger russischer Fürsten wichtig gewesen. Neben den Sorgen um die Staatsgeschäfte war das Moskauer Fürstenhaus bestrebt, das Vorrecht der eigenen Herrschaft durch eine lange Dynastie zu unterstreichen.

Die Bemalung der Kathedrale ist wesentlich dem feierlichen Gottesmutter-Lobgesang (akathistos; auch: froher Hymnus; Übers.) gewidmet, welcher aus 24 Versen besteht. Inhaltlich gliedert sich dieser in drei Teile: die Vitaszenen (also die Beschreibung von Ereignissen im Leben der Jungfrau

Maria), der dogmatische und der lobende Teil. Der erste Lobgesang erscheint als Wandmalerei in der Mariä-Geburts-Kathedrale, im Therapontos-Kloster, geschaffen von Dionisij in den Jahren 1501–1502. Die Besonderheit bei der malerischen Darstellung des Lobgesangs in der Smolensker Kathedrale liegt in der Verknüpfung mit dem Thema der Preisung ältester Ikonen, die die Gottesmutter darstellen.
Alle Fresken erfahren ihre gemeinsame Aussage durch das zentrale Bildnis der Kirche, der Gottesmutter Hodegetria[10], angelegt auf der Lünette des Triumphbogens.
Die reiche Farbenpracht ist unvollständig erhalten, doch abgesehen davon, ist die Bemalung der Smolensker Kathedrale von bedeutendem Interesse für die Geschichte der russischen Monumentalkunst.
Die hohe Ikonostase teilt den inneren Raum der Kathedrale in zwei ungleiche Teile – in den Četverik und den Altar, letzterer ist eines der wichtigsten Elemente in der Ausschmückung des Interieurs russischer Kirchen. Die erste Variante der Einteilung stellte eine Trennwand aus Stein dar, die während der Erbauung der Kathedrale aufgestellt wurde. Dieser folgte eine „Tjabla"-Ikonostase[11], die auf Erlaß von Boris Godunov 1598 errichtet wurde; von dieser Ikonostase sind die oberen vier Ikonen-Ränge und die bemalten Tjabla der zweiten und dritten Stufen erhalten geblieben.
Die gegenwärtig bestehende, geschnitzte und vergoldete, Ikonostase entstand in den Jahren 1683–1685, sie ist von dem „Artel"[12] der Holzschnitzer der Kremler Rüstkammer geschaffen worden. Die Meister erstellten den Rahmen der Ikonostase mit Hilfe einer damals neuen Technik, der „Flemskij-Schnitzerei". Als Ganzes reicht die Ikonostase bis zum Thriumphbogen und verdeckt gänzlich die Altarfresken und das Bildnis der Gottesmutter-Hodegetria. Anfang des 20. Jhs., während der größten, komplexen Restaurierung, wurde entschieden, die oberste Passions-Reihe der Ikonostase abzunehmen, um so die Fresken dem Blick zugänglich zu machen.
Die örtliche Ikonen-Reihe der Ikonostase der Smolensker Kathedrale besteht aus Stiftungen an das Kloster durch russische Zaren, von Ivan dem Schrecklichen bis Peter I.. Die Kirchen-Ikone, die „Smolensker Gottesmutter" (erstes Viertel des 16. Jhs.), ist die älteste in der Ikonostase. Sie stellt eine Kopie des ältesten Bildnisses von der Gottesmutter Hodegetria dar, die in der Mariä-Verkündigungs-Kathedrale des Moskauer Kreml aufbewahrt wird. Gegen Ende des 17. Jhs. schufen Ikonenmaler und Juweliere einen neuen Rahmen für die Ikone mit 16 Abbildungen von Festtagen.
Die Sammlung der Werke dekorativ-angewandter Kunst ist überwiegend eine Stiftung an das Kloster. In der Sakristei des Klosters sind Gerätschaften aufbewahrt, die einst von bekannten Nonnen verwendet wurden. Eine nicht unwesentliche Rolle, bei der Sammlung des liturgischen Gerätes, spielten klösterliche Werkstätten. In ihnen wurden Ikonen gemalt, kostbarste Näharbeiten und wertvolle Handschriften gefertigt.
Alle diese Werke stellen mit die wertvollste Kollektion des Museums dar.

Marina M. Švedowa

1 Sammlung staatlicher Urkunden und Verträge. Moskau, 1813; Teil 1, Seite 416.
2 „Strel'ci" – ständige Streitkräfte Moskaus; gebildet von Ivan IV., aufgelöst durch Peter I.; Übers.
3 Schlachta – polnisch: Adelsgeschlecht.
4 „Nizovskaja zeml'ja" – im alten Rußland (des 16. Jhs.) wurde so der um die Flüsse Oka, Wolga und Kama liegende Landstrich benannt. Als „nizovye goroda (-Städte)" galten Suzdal', Jaroslavl', Kostroma u. a.; Übers.
5 Sämtliche Russische Chroniken – Bd. 14; S. 113.
6 „Preobraženskij prikaz" – eine staatliche Verwaltungsbehörde, eingerichtet durch Peter I.; Übers.
7 „Monastyrskij prikaz" – eine staatliche Behörde im 17. und 18. Jh., die klösterlichen Besitz verwaltete; Übers.
8 „Desjatina" – ein altruss. Landmaß = 1,09 ha; Übers.
9 „Četverik" – eine vierseitige bauliche Anlage oder der Teil eines Gebäudes, vornehmlich im 17.–18. Jh.; Übers.
10 „Hodegetria" – gr. die Wegweiserin, eine wundertätige Ikone der Gottesgebärerin auf Athos; Übers.
11 „Tjabla" – horizontal gelagerte Holzbalken mit einer Kehle, auf denen die Ikonen in der Ikonostase stehen; Übers.
12 „Artel" – Arbeitsgenossenschaften im alten Rußland; Übers.

Das Neue Jungfrauen-Kloster.
Radierung von Pikar. 1714.

KIRCHENKUNST AUS DEM 15.–18. JAHRHUNDERT IN DER SAMMLUNG DES NEUEN JUNGFRAUEN-KLOSTERS.

Im Gegensatz zum europäischen Mittelalter begann die weltliche und familiäre Sammlung in Rußland erst in der Zeit der Regentschaft von Peter I. (1689–1725), der diese Kollektionierung von Raritäten und Kunstgegenständen förderte. Für das russische Mittelalter blieb somit die Sammlung von Ikonen und liturgischem Gerät in orthodoxen Klöstern und Kirchen lange Zeit die einzige Form. Erst im ersten Viertel des 19. Jhs. bekam die Sammlung von Altertümern in Rußland staatliche Bedeutung. Von dieser Zeit an kamen alte Urkunden und Handschriften aus Kirchen und Klöstern in staatliche Archive oder in die damals sog. „Altertumspeicher". Vor der Entstehung von Museen im letzten Drittel des 19. Jhs. waren diese Archive die wichtigsten Sammelstätten von Kulturdenkmälern.

Die Sammlungen der Ikonen und des liturgischen Gerätes in orthodoxen Gotteshäusern besitzten sowohl eine gemeinsame Typologie als auch eine unwiederholbare künstlerische Eigenständigkeit, welche jede von ihnen zutiefst individuell erscheinen läßt. Das Gemeinsame liegt, in erster Linie, in der kirchlichen Funktion. Jede orthodoxe Kirche – eine klösterliche oder dem Handelsstand[1] zugehörige, eine städtische oder dörfliche – brauchte Ikonen, liturgisches Gerät und Meßgewänder, die notwendig für die Durchführung von gewöhnlichen und feierlichen Gottesdiensten und für die Durchführung von Amtshandlungen (Taufe, Hochzeit u.ä.) waren. Oft konnte inmitten ärmlicher Einfachheit des Interieurs nördlicher russischer Dorfkirchen ein seltenes und vollkommenes Beispiel der Ikonenmalerei, der Näharbeit oder Schnitzerei gefunden werden.

Gleichzeitig lebte jede dieser Sammlungen in ihrem eigenen künstlerischen Zusammenhang, indem sie sich, in ihrer Entwicklung, nur einer ihr eigenen, kulturell bedingten, Gesetzmäßigkeit unterwarf. Im frühen Mittelalter haben Kunst- und Kulturzentren auf die stilistischen Besonderheiten der jeweiligen kirchlichen Kollektionen große Wirkung ausgeübt. Solche Zentren der alten Kultur des Landes wie Kiev, Novgorod, Pskov, Rostov, Suzdal', Tver' usw. bereicherten mit ihren Kunsterzeugnissen vor allem die Kirchen und Klöster ihrer eigenen Fürstentümer. Mitte des 16. Jhs., als sich der russische Staat um Moskau herum vereinigte, fand eine Verschmelzung einzelner Schulen der Ikonenmalerei und angewandter Kunst zu einem einheitlichen nationalen Stil statt. Die Entwicklung des staatlichen Buchdrucks war für die Kirchen-Kollektionen ein unglückseliges Ereignis. Erneuerte und durch die Kirche zensierten Ausgaben verdrängten die Handschriften aus dem kirchlichen Alltag. Von dieser Zeit an bis zum Ende des Mittelalters, entstand in den russischen Kirchen-Kollektionen eine homogene Stil-Form.

Während die Kollektionen der Gemeindekirchen fast ausschließlich durch Beiträge der Gemeinden entstanden, war die Entstehung von Kollektionen in Klosterkirchen verzweigter. Natürlich spielten auch hier weltliche Mäzene eine grundlegende Rolle, die zum Andenken an Verwandte oder aus Frömmigkeit Ikonen, liturgisches Gerät, Handschriften, Meßgewänder u. ä. stifteten. Aber abgesehen von diesen Stiftungen, haben die Mönche der russischen Klöster, allein oder gemeinsam, die für die Gemeinde nötigen Gegenstände des liturgischen Gebrauchs besorgt oder in Bestellung gegeben. Gewöhnlich wurde dies entweder durch eine Inschrift im Gegenstand oder durch eine Eintragung im Spendenbuch vermerkt.

Die dritte Variante der Vervollständigung klösterlicher Kollektionen war die Arbeit der Ikonen malenden Mönche, der schreibenden Mönche und der Nonnen, die Gewänder mit Gold oder

Smolensker Kathedrale. 16. Jh. Innenansicht. Freskenmalerei.

anderen Materialien bearbeiteten[2]; diese Gegenstände wurden entweder für den eigenen klösterlichen Gebrauch hergestellt oder an Pilger verkauft. Die russischen Frauenklöster waren immer durch Meisterinnen ausgezeichnet, welche Meßgewänder, manchmal auch weltliche Kleidung nähten; sie arbeiteten mit Seide, wertvollen Steinen, mit Gold- und Silberfäden. Die Geschichtsbücher berichten, daß Zar Aleksej Michajlovič, Mitte des 17. Jhs. im Neuen Jungfrauen-Kloster bestickte Handschuhe für die Zareviči (Prinzen) bestellte, und im 19. Jh. nähten die klösterlichen Schneidereien Kleider für die „Fräuleins" des kaiserlichen Hofes. So stützten sich die klösterlichen Kollektionen vornehmlich auf zwei Quellen, auf die Spenden von weltlichen und geistlichen Personen und auf die Arbeit der Mönche und Nonnen.

Das Moskauer Neue Jungfrauen-Kloster wurde zur Zeit der Entstehung des russischen Zarenreiches gegründet. Der Gründer war der Vater des Zaren Ivan des Schrecklichen (Ivan IV.), Fürst Vasilij III.. Er geriet, von den ersten Jahrzehnten seines Lebens an, in den Wirkungs- und Interessenbereich des Moskauer Fürstentums und später des zaristischen Hofes. Der weltliche Kreis der Mäzenen des Neuen Jungfrauen-Klosters hatte ein hohes soziales Ansehen – zunächst waren es Fürsten, später die Zarenfamilie und deren nähere Umgebung. Sie stifteten dem Kloster altehrwürdige Ikonen, bestellten neue Ikonen oder ganze Ikonostasen. Diese Ikonen wurden hauptsächlich von Ikonenmalern des Zarenhofes angefertigt. Im 17. Jh. sind dies Ikonenmaler und Juweliere der Rüstkammer und des Moskauer Kreml. Auf diese Weise befand sich in der Kollektion des Neuen Jungfrauen-Klosters eine bedeutende Anzahl von Ikonen, die von Moskauer Ikonenmalern hergestellt wurden, bekannt unter dem Namen „Carskie isografy".[3]

Beginnend mit der Regentschaft Ivan des Schrecklichen bis einschließlich der Peters I. erhielten im Neuen Jungfrauen-Kloster die Zarentöchter und Zarinnen Nonnenweihen; teils freiwillig, teils als Gefangene, Verbannte oder Verwitwete, wurden sie dem Klosterleben zugeteilt. In der Regel blieben ihre Zellen-Ikonen und Gegenstände des täglichen Gebrauchs, nach dem Tode, im Besitz des Klosters. Ein Teil dieser Ikonen befand sich in den Grabmal-Ikonostasen der Zarentöchter und Zarinnen, die im Neuen Jungfrauen-Kloster bestattet wurden.

Große Erneuerungsarbeiten und ebenso der Bau neuer Kirchen wurden mit Mitteln der Zarenfamilie durchgeführt. Die Ikonostasen und einzelne Ikonen im Interieur dieser Kirchen wurden, in der Regel, von Ikonenmalern der Rüstkammer geschaffen.

Die zaristische Herkunft einiger Nonnen des Neuen Jungfrauen-Klosters trug dazu bei, daß sich unter den Geweihten viele Frauen aus dem Fürsten- oder Bojarengeschlecht befanden. Mitte des 17. Jhs. schrieb der Diakon Pavel Alennskij, der den antiochenischen Patriarchen Makarij begleitete, folgende Bemerkung des Patriarchen Nikon über das Neue Jungfrauen-Kloster auf: „... es gibt kein Kloster, das an Reichtum diesem gleicht; auch darin, daß alle Nonnen, die dort eintreten, Fürstinnen sind, Ehefrauen staatlicher Würdenträger, Witwen und ihre Töchter. Sie erscheinen mit ihren Reichtümern und ihrem gesamten Besitz, mit Kostbarkeiten, Gold, Edelsteinen und opfern diese dem Kloster ...". Es ist nur ein geringer Teil dieser Gaben erhalten geblieben, im wesentlichen aus Edelmetallen hergestelltes liturgisches Gerät.

Schließlich entstanden im Neuen Jungfrauen-Kloster, gleich nach seiner Gründung, Kunstwerkstätten. Es waren vor allem helle, hoch gelegene Räume (sog. „svetlicy"; Übers.), in welchen mit Seide, Goldfäden und Edelsteinen Ikonen-Darstellungen der Grablegung Christi angefertigt wurden[4], viereckige edle Tücher, die den Altar bedekken und als Unterlage für das liturgische Gerät dienen (russ. „peleny"; gr. „sparganon"), Velen (russ. „pokrovcy" – Seidentücher für das Abendmahlgerät), kirchliche Prozessionsfahnen (russ. „chorugvi"; – Übers.) und andere Näharbeiten, die für den Bedarf einer Kirche notwendig sind. Wie in jedem anderen Frauenkloster, wurden im Neuen Jungfrauen-Kloster Meßgewänder für Prie-

ster, Erzpriester und Geistliche angefertigt; ebenso alle Arten von Kopfschmuck -Priesterkopfschmuck (russ. „kamilavki“, eine Auszeichnung für Priester), Kopfbedeckungen für Mönche (russ. „klobuki“ und „kukuli“; – Übers.) und Mitren. Neben den Nähwerkstätten entstand im Kloster, ab der Mitte des 17. Jhs., trotz der ausreichend vorhandenen Bücher, für den Gottesdienst, eine eigene „Bücher schreibende Werkstatt“, welche einige festliche Handschriften für den Noten-Gesang herstellte.
Zu den frühesten Ikonen in der Sammlung des Neuen Jungfrauen-Klosters, zählt die Brustbild-Darstellung des „Ioann Predteča“[5] (Nr. 1), dem Kloster nach dem Tode der Nonne Aleksandra (mit dem weltlichen Namen, Zarin Irina Godunova) gestiftet. Den Gemeindebüchern aus den Jahren 1603 – 1604 zufolge verblieben dem Kloster um die 200 Ikonen und alle Gegenstände aus der Zelle der Zarin. Die Ikone „Johannes des Wegbereiters“ entstand im 15. Jh. auf dem Balkan und wurde wahrscheinlich von der Mutter Ivan des Schrecklichen, Elena Glinskaja, nach Moskau gebracht. Mütterlicherseits war Ivan der Schreckliche der Urenkel des serbischen Despoten Stephan. Das ungewöhnliche Inkarnat des Anlitzes „Johannes des Wegbereiters“ und die Geste der Segnung mit der rechten Hand, erlauben die Annahme, daß auf den Ikonenmaler hesychastische Einflüsse[6] wirkten; dies hebt die Ikone, unter den Denkmälern dieser Zeit, besonders hevor.
Die Verehrung „Johannes des Wegbereiters“ wurde, im Moskau des 16. Jhs., noch dadurch gefördert, daß der Namenstag von Ivan dem Schrecklichen auf den Tag der Gedenkfeier der Enthauptung Johannes des Wegbereiters (den 29. August) fiel. Die Balkan-Ikone „Johannes des Wegbereiters“ wurde lange, in ihrem Originalzustand, bei der Zarenfamilie aufbewahrt.
Erst in der zweiten Hälfte des 16. Jhs., wahrscheinlich in Zusammenhang mit der Hochzeit des Zarevič Fedor und Irina Godunova, wird auf die Ikone ein silberner Beschlag von mit Niello bearbeiteten Ornamenten gelegt. Die Malerei wurde etwas erneuert und das Haupt des „Wegbereiters“ wurde

Smolensker Kathedrale. 1525.
Rekonstruktion nach L. V. Cjurik.

mit prächtigen Haarsträhnen, unter dem eingeschnittenen Haarkranz des Beschlages, vergrößert. Auf den Niello-Hintergrund und die Felder des Beschlages wurden vierblättrige Blumen und Flechtwerk, mit Elementen östlicher Ornamentik, eingraviert. Ende des 15. Jhs. war in Rußland ein weiterer, aus Serbien entlehnter Typus der Darstellung des „Wegbereiters“ bekannt. Hier ist Johannes der Wegbereiter mit Engelsflügeln in ganzer Größe neben einem Feigenbaum dargestellt, an dessen Wurzel eine Axt liegt. Charakteristisch für diese Zeit war die Erwartung des Weltuntergangs im Jahre 1492, diese stand in Zusammenhang mit der Vollendung von 7000 Jahren, ab dem Beginn der Welterschaffung. Das Bildnis des Asketen und Propheten stand mit dieser Erwartung in Verbindung. Die Ikone „Johannes der Wegbereiter – Engel der Wüste“ aus dem 15. Jh. (Nr. 2) ist offensichtlich eng verbunden mit der

Mariä-Himmelfahrts-Kirche und Refektorium. 1685–87. Rekonstruktion nach L. V. Cjurik.

gespannten Erwartung des letzten Gerichtes. Das finstere Kolorit, die deutlich erschöpfte Gestalt „Johannes des Wegbereiters", das Anlitz in dunkelocker – dies alles spricht dafür, daß die Ikone einer klösterlichen Schule zugeordnet werden kann. In der Mitte des 16. Jhs. wurden Ikonen des Typus „Johannes der Wegbereiter – Engel der Wüste" mehrfach von dem Zaren Ivan (dem Schrecklichen) in Aufrag gegeben und in einzelnen Vitrinen (russ. „kioty"; gr. „kibotos"; Übers.) oder in den örtlichen Reihen der großen russischen Ikonostasen aufgestellt. Eine solche Ikone befindet sich auch in der örtlichen Reihe der Ikonostase in der Smolensker Kathedrale.
In die Zeit der Herrschafts Ivan des Schrecklichen fallen erbarmungslose Plünderungen der Zentren des alten Rußlands, durch den Zaren und seine „Opričniki"[7], mit dem Ziel, jeden Widerstand gegen die neue Hauptstadt Moskau zu brechen. Die grausamen Angriffe des Zaren auf die Städte Novgorod und Pskov sind Bestandteil der russischen Volkskunst geworden und hinterließen in der altrussischen Kultur ihre deutliche Spur. Die Folge der Zerstörung Novgorods war, daß eine der tiefsten und eigenständigsten Schulen der Ikonenmalerei in Rußland, aufhörte zu existieren – die Novgoroder Ikone.
Ein Teil der Ikonen, welche dem Zaren gefielen, wurde in den 70er Jahren des 16. Jhs. aus Novgorod weggebracht und später verschiedenen Kirchen und Klöstern gestiftet. Möglicherweise kam auf diesem Wege die monumentale Ikone der „Gottesmutter von Jaroslavl'" (Nr. 3) in das Neue Jungfrauen-Kloster. Übereinstimmend mit der Inschrift auf der Rückseite der Ikone, wurde diese im Jahre 1564 von dem Mönch Ignatij, aus dem Jur'evskij-Kloster, in der Novgoroder Kirche „Nikola na Lipne" aufgestellt. Die Inschrift gibt auch Auskunft über den Namen des Meisters – „Panfil Tret'jak Andreev Sohn des Popov aus Slavna". Die einfache aber zugleich ausdrucksvolle Zeichnung der Ikone vermittelt, trotz ihrer Größe, eine tief lyrische Gefühlsstimmung. Die Gottesmutter verdeckt fast vollständig mit ihrem Maphorion (ein Umhang) die kleine Gestalt des an sie geschmiegten Christus-Kindes. Der rote Gürtel, der die Figur Christi umgürtet, erinnert den Betrachter, auf der symbolischen Ebene der Farbenbedeutung altrussischer Kunst, an die bevorstehenden Leiden und an das zukünftige Blut. Der ursprünglich goldene Hintergrund läßt vermuten, daß der gegenwärtig vorhandene Basma-Beschlag später angelegt wurde, wahrscheinlich erst in Moskau. Das Basma-Ornament, auf dem Hintergrund der Ikone – ein sich rankender Halm mit spiral eingebogenen Trieben und kleinen Sprossen – ist charakteristisch für die Silberverarbeitung im Moskau des 16. Jahrhunderts. Der Beschlag des Altar-Evangeliums (Nr. 32) aus der zweiten Hälfte des 16. Jhs., welches sich in der Sammlung des Neuen Jungfrauen-Klosters befindet, wird von Forschern, der Tradition der Novgoroder Edelmetall-Verarbeitung zugeordnet. Den Beschlag kennzeichnet eine edle und einfache Formgebung und die Eleganz der Proportion. Der einfarbig goldene Hintergrund des Beschlages, mit gegossenem Mittelteil und Ecken, ist bedeckt mit geflochtenen Silberfäden, die herzförmige Muster bilden. Diese, in der Novgoroder Kunst

verbreitete Mustergebung ist byzantinischen Ursprungs.
Bei der Herstellung von liturgischen Silbergefäßen widmet der Meister des 16. Jhs. der Schmiedekunst besondere Aufmerksamkeit, indem er den Akzent auf die gesamte Kontur setzt, welche die ruhigen und fließenden Formen des Gefäßes umfaßt. Das Ornament ziert das Gefäß nur sacht, es konkurriert nicht mit seinem allgemeinen Umriß. In dieser Annährung an die Silberverarbeitung werden die Fertigkeiten des Töpfers deutlich, die der Meister auf das neue Material überträgt. So dient als eigentlicher Schmuck des Weihwasser-Gefäßes (Nr. 30), welches dem Neuen Jungfrauen-Kloster, von Ivan dem Schrecklichen im November 1581 gestiftet wurde, ein geflochtenes Band entlang dem Rand des Gefäßes. Auf dem Hintergrund seiner glatten und glänzenden Wände sind, in schöner Zeichnung, Lettern als Inschrift angebracht, sie sind zugleich Schmuck und Auskunftsquelle.
Unter den kleinen Plastiken des 15.–16. Jhs., aus der Sammlung des Neuen Jungfrauen-Klosters, erweckt eine Panagia (Nr. 35) besondere Beachtung. Sie ist verziert mit Guß, Ziselierungen, Gravur und Niello. Panagien in dieser Ausführung sind in zahlreichen Sammlungen altkirchlicher „Auszeichnungen" erhalten geblieben. Neuesten Forschungen zufolge geht ihr Ursprung auf Tver' zurück. Die Panagia (Nr. 36) und das priesterliche Brustkreuz (Nr. 38) der Sammlung des Neuen Jungrauen-Klosters sind entsprechend ihrer Zeit geschmückt, sie fallen weniger durch die besondere Technik der Metallverarbeitung auf, als durch die Fülle heller, ungeschliffener Edelsteine in hohen Einfassungen.
Der frühe Teil dieser Sammlung erlitt Anfang des 17. Jhs. ein schweres Schicksal. In den „Zeiten der Wirren" (1608–1612) wurde das Kloster mehrmals von polnischen Streitkräften besetzt und im Jahre 1612 von Kosaken zerstört und niedergebrannt. Erst mit der Dynastie der Romanovs begann eine neue Geschichtsphase des Klosters. Im Jahre 1654 besiedelte Zar Aleksej Michajlovič das Neue Jungfrauen-Kloster – indem er eine protektionistische Politik gegenüber dem orthodoxen Mönchstum aus der Ukraine und Weißrußland vertrat, welches durch den polnischen Katholizismus bedrängt wurde – mit Nonnen aus diesen Gebieten. Diesen Nonnen (und dem Kloster) übergab der Zar die hochgeschätzte Ikone „Gottesmutter von Iversk" und eine, aus sieben Ikonen bestehende Ikonostase (Nr. 22).
Der Rahmen der Ikonostase ist mit Streifen aus gegossenem, vergoldetem Zinn ausgelegt; vergoldeter Zinnschmuck fand in dieser Zeit am Zarenhof häufig Verwendung. In der oberen Reihe sind kleine Ikonen, bedeckt mit silberner Basma. Eine einzigartige Gruppe bilden die Ikonen des Typs „Umilenie"[8]. Die Ikone der „Gottesmutter von Slovensk" (Nr. 22/6) wurde in den 30er Jahren des 17. Jhs., in der Wüste (Einsiedelei) bei Kostroma, erworben. Dem Zaren, der in dieser Region Familienmitglieder besaß, wurde offensichtlich eine Kopie geschickt. Zwei große Ikonen der unteren Reihe der Ikonostase sind Kopien von in Rußland verehrten Ikonen. Das Bildnis „Dreieinigkeit des Alten Testamentes" (Nr. 22/2) gehört zu den vielen Repliken der gleichnamigen Ikone von Andrej Rublev, welche zu dieser Zeit im Dreieinigkeits-Sergius-Kloster aufbewahrt wurde. Die Ikonographie der Ikone „Schutz der Gottesgebärerin" (Nr. 22/3) geht zurück auf die Muster der Moskauer Ikonenmalerei Ende des 16. Jhs. bis zum Anfang des 17. Jhs. Dabei wiederholt sich die Rostovsche und Suzdal'sche Variante der Ikonographie des Sujets. Trotz der, durch Randfiguren und eingeschobene Episoden (der Traum Romans, die Anwesenheit des kaiserlichen Ehepaares Lev und Zoja) überladenen Komposition, bleibt diese ausgeglichen und statisch. Der glatte, silberne Beschlag der Ikone geht zurück auf das Ende des 17. Jhs. bis Anfang des 18. Jhs.. Wahrscheinlich war zuvor ein traditioneller Basma-Beschlag angelegt worden.
Etwa in diesen Jahren wurde in den Räumen („svetlicy") der Schwiegermutter des Zaren Aleksej Michailovič, Ekaterina Fedorovna, ein Sortiment von Velen für liturgische Gefäße genäht (Nr. 55). Charakteristisch für diese Zeit ist die Kompo-

sition der Farben – rot und grün – am Saum und im mittleren Bereich; die sichere Zeichnung der großen Lettern liturgischer Texte auf den Säumen, die Vielfalt der Stickmuster mit Goldnähten, zeugen von großer Kunstfertigkeit und Erfahrung der Meisterinnen dieser „Svetlica", bei Arbeiten mit wertvollen Materialien.
Sehr interessant ist der Beschlag eines kleinen Evangeliums aus dem Jahre 1767 (Nr. 33), mit aufgelegtem Mittelteil, Ecken und Kartuschen. Im Mittelteil und an den Ecken sind Darstellungen der Auferstehung Christi und die vier Evangelisten eingraviert und mit Niello bearbeitet. Die perspektivisch schwierige Verkleinerung der Figuren der Evangelisten und die Ikonographie der Auferstehung, entsprechend dem Typus „Auferstehung aus dem Grabe", zeugt von der Bekanntschaft des Graveurs mit der europäischen Buch-Gravur. Die komplizierte Technik der Abstufung und Schattierung der Schnitte mit Niello – ergänzt durch aufgelegte Kartuschen ausgeschnittener, geflügelter kleiner Köpfe, bedeckt mit durchsichtigem blauen und grünen Email – schafft eine farbenprächtige Oberfläche. Diese ist angereichert mit großen Kompositionen, die sich harmonisch auf dem oberen Deckel des Beschlages verteilen. Die höchste Stufe der Metallverarbeitung und die gute Kenntnis der Buch-Gravur erlauben die Annahme, daß die Meister der Silberschmiede, die den Beschlag des Evangeliums anfertigten, aus der Ukraine stammten.
Nach dem Zaren Aleksej Michajlovič stiftete Bogdan Matveevič Chitrovo, engster Mitstreiter des Zaren und Oberhaupt der Rüstkammer, im Jahre 1670 und 1679 dem Neuen Jungfrauen-Kloster zwei Ikonen. Sie gleichen sich in Größe und künstlerischer Ausarbeitung. Im Jahre 1670 wurde von den führenden Meistern der Rüstkammer, den anerkannten Ikonenmalern Sergej Rožkov und Simon Ušakov, die Ikone „Gottesmutter – lebensspendende Quelle" (Nr. 24) gemalt. Das in der byzantinischen Kunst, in Kreisen der Regenten und Regentinnen von Konstantinopel beliebte Thema der Wunderheilung durch die Quelle durchdrang die süd-slawische Kunst schon im 14. Jh.. In Rußland war eine vergleichbare Komposition, in eher lakonischer Form und ohne Vitaszenen, in der Freskenmalerei der Mariä-Himmelfahrt-Kirche „auf dem Volotover Feld" bekannt. Ikonen zu diesem Thema sind, in der altrussischen Kunst, vor dem 17. Jh., bisher nicht gefunden worden. Die Ikonographie des Sujets „Gottesmutter – lebensspendende Quelle", umgeben von 16 kleinen Vitaszenen, wurde von Ikonenmalern der Rüstkammer gefertigt, von Sergej Rožkov und Simon Ušakov. Durch diese Künstler (oder entsprechend ihren Vorlagen) wurden in den 70–80er Jahren des 17. Jhs. mehrmals Kopien hergestellt. Die Ikone ist graphisch sehr genau, und das Kolorit sorgfältig ausgewählt. Jede Vitaszene ist mit gleicher Deutlichkeit, wie der mittlere Bereich, gemalt. Die Wiederholungen der grünen Quellen-Rhomben, in beinahe jeder Vitaszene, verbinden den Mittelteil mit den Vitaszenen der gesamten Komposition. Das Thema – die Wunderheilung an der Quelle mit der Ikone der Gottesmutter und der byzantinischen Kaiserfamilie – war anscheinend für die Ikonenmaler des Zaren eine Anregung, vergleichbare Kompositionen zu schaffen (Nr. 24).
Etwas später im Jahre 1679 bestellte B. M. Chitrovo bei dem anerkannten Ikonenmaler Leontij Stefanov die Ikone „Kreuzigung", umgeben von 17 Brustbild-Darstellungen an den Rändern (Nr. 7). Beide Ikonen sind auf Zypressenholz gemalt, möglicherweise sollten sie am Grabmal des Bojaren B. M. Chitrovo aufgestellt werden. Die Ikone „Kreuzigung" ist eine Reliquien-Ikone und enthält Reliquien der 17 Heiligen, welche auch an den Rändern dieser Ikone dargestellt sind.
Ohne mit orthodoxen Traditionen bei der allgemeinen Darstellung der Kreuzigung zu brechen, führte Leontij Stefanov als einer der ersten neue Details in die Darstellung ein. Er zeichnete z.B. auf dem Haupt des Erlösers einen Kranz aus Schlehendorn, was in der russischen Ikonographie ungewöhnlich war. Er ersetzte den üblichen Hintergrund durch eine mehrschichtige, kulissenartige Landschaft und zeichnete in ihrer Tiefe viel-

fältige architektonische Formen, so daß ein Panorama Jerusalems entstand, welches als kartographisch glaubwürdig empfunden wird. Allgemein wird eine Tendenz zum künstlerisch Konkreten deutlich, sowohl in der Darstellung von Holzfasern der Kreuzbalken wie in dem Pflanzen-Ornament der Weintrauben. Durch diese Ikone weist sich Leontij Stefanov als ein russischer Ikonenmaler neuen Typs aus, der bis an jene Grenze ging, welche die Ästhetik des Mittelalters von der der Neuzeit trennte.
Es vergingen noch einige Jahre, bis 1685 die neuen Ikonenmaler der Rüstkammer, auf Anordnung der Zarentochter Sofia, mit großen, langdauernden Arbeiten begannen. Sie erneuerten ältere Kirchen und fertigten den Schmuck des Interieurs neuer Kirchen im Neuen Jungfrauen-Kloster. In diesen Jahren sollten in der Smolensker Kathedrale, die zu Ehren der Gottesmutter von Smolensk geweiht wurde, große Arbeiten der Freskenerneuerung durchgefürt werden, Restaurierungen von Ikonen und Anfertigungen von Ikonostasen. Im Jahre 1685, nach Erneuerungsarbeiten an der Malerei der großen Ikonostase, fertigten die Ikonenmaler, unter der Führung von Fedor Zubov, 14 Ikonen der letzten, sechsten Passions-Reihe der Ikonostase. Die Passion Christi, als gesondertes Thema der monumentalen Malerei oder ein ausführlicher Zyklus von Ikonen zu diesem Thema, fand in der altrussischen Kunst Mitte des 17. Jhs. immer größere Verbreitung. Die Kompositionen dieser Ikonen stützten sich zunehmend auf die europäische und ukrainisch-weißrussische Buchgravur, die in dieser Zeit in Moskau bekannt war. Unabhängig davon, daß die Ikonen der Passions-Reihe des Jahres 1685 (Nr. 23) weit über dem Boden angebracht wurden, behielten sie kleine Maße und die für Passions-Ikonen dieser Zeit typische Form der Rundschrift. Beinahe alle Kompositionen sind durch gereimte Zeilen ergänzt, die das Wesentliche der Darstellung erläutern.
Intensive Teilnahme von Fedor Zubov war auch gefordert bei der Interieur-Gestaltung des umgebauten Seitenaltars Sofias, welcher wahrscheinlich

Mariä-Himmelfahrts-Kirche. 1685–87.
Blick von Süd-Westen.

zu Ehren der gleichnamigen heiligen Zarin Sofia Alekseevna neu geweiht wurde. Für die Schaffung der Ikonostase zog F. Zubov bekannte Ikonenmaler der Rüstkammer hinzu – Sergej Rožkov, Fedor Njanin (s. Ikone „Gotteserscheinung" (Nr. 10)) u. a. Zubov selbst malte die Kirchen-Ikone des Seitenaltars Sofias – „Märtyrin Sofia" (Nr.9). In der Gestalt der Heiligen scheinen idealisiert und abstrakt die Züge der 28-jährigen Zarentochter Sofia durch, die zu dieser Zeit im Namen ihrer Brüder Rußland regierte. Von den erhaltenen Portraits und Gravuren mit der Dartellung Sofias, kommt unserer Ikone das Portrait in Versailles am nächsten. Die Ikone ist ein markantes Beispiel von Arbeitsteilung. Ein Ikonenmaler wie Fedor Zubov, der Ornament und Kolorit mit Feingefühl beherrschte, konnte sich mit der einfachen Farb-

Marien-Paläste und Mariä-Schutz-Kirche. 1683–88. Blick von Norden.

gebung der Kleidung, den tristen und gleichförmigen Falten nicht zufrieden zeigen. Wahrscheinlich malte F. Zubov nur den verantwortungsvollen Teil, das Gesicht, die Kleidung malte einer seiner Schüler.
An der Fertigung der Ikonostasen neuer Kirchen des Neuen Jungfrauen-Klosters, in der 2ten Hälfte der 80er Jahre des 17. Jhs., beteiligten sich Ikonenmaler der Rüstkammer; sie wendeten deutlich Methoden und Techniken der westlichen Malerei an und bezogen diese in die Ikonenmalerei ein, vor allem Kirill Ulanov und Tichon Filat'ev. Kirill Ulanov malte im Jahre 1690 für die örtliche Reihe der Ikonostase der Mariä-Schutz-Torkirche das Bildnis „Einführung in den Tempel" (Nr. 12). Trotz großer Sicherheit bei der Zeichnung der Figuren des ersten Kompositions-Planes, unterlaufen dem erfahrenen Ikonenmaler, bei der selbstgesetzten Aufgabe, perspektivisch korrekt den architektonisch schwierigen Raum des Interieurs des Tempels von Jerusalem darzustellen, typische und schülerhafte Fehler. Alle wichtigen, handelnden Personen des Sujets sind in den Vordergrund gesetzt und in einer Reihe aufgestellt, quasi auf das Proszenium der räumlichen Komposition. Die Verbindung der Vorhänge des Tempels mit seinen Säulen erinnert an Prinzipien des Aufbaus von volkstümlichen, weltlichen Portraits in der Epoche des Barock, welche den Ikonenmalern dieser Zeit durchaus vertraut waren.
In den 90er Jahren wurde von T. Filat'ev, für das zweite Geschoß des klösterlichen Glockenturmes, die Ikone „Ioann Bogoslov"[9] (Nr. 13) gemalt. Diese Ikone trägt keine Inschrift, aber die gleiche Ikonographie einer Ikone von „Ioann Bogoslov" wurde von Tichon Filat'ev bereits etwas früher geschaffen. In solchen Fällen war es üblich, daß die Ikonenmaler der Rüstkammer (Urheber-) Kopien anfertigten. Indem T. Filat'jev seine eigene ikonographische Variante des Evangelisten „Ioann Bogoslov" schuf, offenbart er seine Kenntnisse der traditionellen Darstellung von „Ioann Bogoslov". Zum anderen wird, in seiner Bearbeitung des Themas, der Wunsch deutlich, alltägliche Szenen zu wählen und „Ioann Bogoslov", als gelehrten „Mönch" darzustellen. Ein Genre, welches ihm entweder aus der Buchgravur oder durchaus dem Westen eingeführte Malerei vertraut war. Von der ikonenmalerischen „Bildung" F. Filat'evs zeugt auch die Darstellung des Adlers, ein charakteristisches Symbol des Evangelisten Johannes, und eines Engels, welcher in das Ohr des Evangelisten flüstert; typisch für die Ikonographie von „Ioann Bogoslov in Schweigen". Indem er die Figur des Johannes nah an den Betrachter heranbringt und ihn direkt vor uns setzt, umgeht der Ikonenmaler die Notwendigkeit, eine perspektivische Verkleinerung des architektonischen Raumes im Hintergrund vorzunehmen. Statt dessen legt er Gegenstände vor uns hin, die direkt oder symbolisch auf die Tätigkeit des „Bogoslov" (des „Theologen") hinweisen – er hält eine Gänsefeder in der Hand, eine weitere (Ersatz-)Feder liegt auf dem Tisch; der Adler hält im Schnabel ein Tintenfaß, auf dem Tisch im Hintergrund liegt ein Messer, zum Spitzen der Federn, mit der Initiale M.; im Vordergrund ein Öllämpchen, ein geschliffenes

venezianisches Weinglas mit einem Schlänglein darin und das uns geöffnet zugewandte Evangelium. Das Interesse an einfachen Gegenständen und der Versuch, mit deren Hilfe den heiligen Evangelisten zu charakterisieren, kann als Zugeständnis gegenüber mittelalterlichen Tendenzen in der Ikonenmalerei gesehen werden und zugleich als Zugeständnis gegenüber dem Geschmack der entstehenden Neuzeit.
Im Jahre 1689 vollendet sich die Regentschaft der Zarentochter Sofia. Sie kommt gezwungenermaßen in das Neue Jungfrauen-Kloster. Später teilten drei ihrer Schwestern mit ihr das Schicksal – Evdokija, Ekaterina und Marija. Nach dem Tode der Zarentöchter verblieben in der Sakristei des Neuen Jungfrauen-Klosters für immer deren Zellen-Ikonen und liturgisches Gerät. Ein Teil dieser Ikonen kam in die großen Grabmal-Ikonostasen, welche über den Grabmalen der Zarentöchter, im südlichen Schiff der Smolensker Kathedrale, aufgestellt wurden.
So wurde für die älteste Zarentochter Evdokija im Jahre 1650 eine Maß-Ikone, mit dem Bildnis der „Ehrwürdigen Evdokija" (Nr. 5), angefertigt. Für alle Kinder des Zaren Aleksej Michailovič wurden ähnliche Ikonen gemalt, jeweils mit dem Bildnis des Heiligen, auf dessen Namen sie getauft waren. Immer entsprach die Höhe der Ikone den Maßen des Neugeborenen. Die Ikone befindet sich in einem ziselierten, vergoldeten Beschlag; im oberen Bereich befindet sich eine malerische Darstellung der Dreieinigkeit des Alten Testamentes. In der Regel begleiteten die Maß-Ikonen die Zarentöchter ein ganzes Leben lang und wurden später in die Grabmal-Ikonostase mit aufgenommen.
Eine der besonders geliebten Ikonen der Zarentochter Evdokija Aleksejevna war wohl die Ikone „Der im Leben Gerechte Hiob"[10] (Nr. 15). Die Ikone zeichnet sich durch eine nicht besonders feine und gekonnte Zeichnung, die etwas grobe Darstellung menschlicher Figuren und eine schwach ausgearbeitete architektonische Staffage aus. Den Darstellungen am Rande nach zu urteilen – abgebildet sind Zarinnen und Nonnen – bestellte die Zarin selbst diese Ikone, aber mit Sicherheit nicht in der Rüstkammer. Der bescheidene, glatte und angeschnittene, vergoldet und versilberte Beschlag wurde im 17. Jh. auf die Ikone gelegt, wahrscheinlich kurz nach den Malereiarbeit. Die Zarentochter fühlte sich gewiß durch den didaktischen Inhalt des Sujets – gerechter Hiob – angezogen, das ihrem Leben irgendwie verwandt war. Die kleinen Vitaszenen der Ikone beschreiben ausführlich die Heimsuchungen Hiobs. Diese Beschreibungen übergehen aber den gesamten Bereich der geistigen Persönlichkeitsbildung, welche im Text des Hiob-Buches viel Raum einnimmt; in den letzten drei Vitaszenen ist dann die Rede von den Belohnungen, die Hiob für Geduld und Leiden zukamen. Den Zarentöchtern Miloslavskij, die auf Macht und das Leben im Kreml verzichten mußten, die sich, durch die Verbannung Sofias, in Lebensgefahr befanden und lange Jahre in verschiedenen Klöstern verbringen mußten, schien es möglicherweise, daß Geduld und Zuversicht im diesseitigen

Smolensker Kathedrale. 16. Jh. Eingangsbereich. Blick von Süden.

Leben schließlich „doppelt" entlohnt werden sollten.
Nach dem Tode der Zarentochter wurden beide Ikonen in die Grabmal-Ikonostase eingereiht, in der sich weitere 23 Ikonen befanden. Für solche Ikonostasen wurden sowohl Zellen-Ikonen verwendet (z. B. das Diptychon[11], der Erzengel Michael und Gabriel (Nr. 17, 18)), als auch neue Ikonen für das Grabmal gemalt. So zeichnete Kirill Ulanov (der 1713 unter dem Namen Kornilij Mönch wird) eine Brustbild-Darstellung von „Johannes der Wegbereiter" (Nr. 19), die in der 3ten Reihe der Ikonostase aufgestellt wurde. Im Jahre 1713 wird für die gleiche Ikonostase, möglicherweise von demselben Kirill Ulanov, ein Diptychon des ehrwürdigen Sergej Radonežskij (Nr. 20) und Savva Zvenigorodskij (Nr. 21) gemalt.
Auf einen der offiziellen Namen der Zarentochter Feodosija wurde in den 70–80er Jahren des 17. Jhs. die Ikone „Ehrwürdige Feodosija" (Nr. 6), mit glattem, silbernen Beschlag, bestellt und angefertigt. Die Ikone ist stilistisch der Ikonenmalerei der Rüstkammer verwandt. Im Jahre 1703 stifteten die Zarentöchter Sofia und Feodosija dem Neuen Jungfrauen-Kloster ein Altarkreuz, ausgeführt von Meistern aus der Silberschmiede der Rüstkammer. Die gravierte und mit Niello verarbeitete Darstellung der Kreuzigung umrahmt, charakteristisch für die Meister der Rüstkammer, eine „drobnica" (-Edelmetallplatte) mit Spinell und grünem Email.
Ein besonders tragisches Schicksal traf die erste Frau des Zaren Peter I., Zarin Evdokija Fedorovna Lopuchina. Sie befand sich, verbannt, nacheinander in drei Klöstern und dem Šlisselburgsker Kerker, und mußte während dieser Zeit noch ihren Ehemann, die Söhne und ein Enkelkind beerdigen. Die Zarin verblieb ihre letzten Lebensjahre im Neuen Jungfrauen-Kloster. Unter ihren Zellen-Ikonen befand sich die „Dreihändige Gottesmutter" (Nr. 26). Eine kleine Ikone mit silbernem und mit Edelsteinen besetztem Beschlag – sie begleitete die Zarin auf ihrem ganzen Lebensweg.
Die größte Anzahl der Stiftungen an das Kloster sind mit dem Namen der Zarentochter Sofia verbunden. Sie spendete gemeinsam mit ihren Brüdern, den Zarensöhnen Peter und Ioann, oft auch nur in deren Namen. Im Jahre 1686 schenkten sie gemeinsam einen aufhängbaren Leuchter (russ. „kandilo"), für die örtliche Ikonostasen-Reihe der Smolensker Kathedrale (Nr. 44). Auf den geätzten Niello-Grund ist frei rankendes Geäst graviert. In großen Kartuschen sind einige Zeilen, in vergoldeter Zierschrift, eingraviert. Im Jahre 1687 wurden für die Gemächer der Zarin zwei Silbergefäße hergestellt, geschmückt mit Emblemen und dem zweiköpfigen Adler (Nr. 50, 51). Die Gegenstände fertigte ein Meister (der Silber- und Niello-Verarbeitung) der Moskauer Rüstkammer, Ivan Jakovlev.
Jede der Zarentöchter aus der Familie Miloslavskij bevorzugte einen bestimmten Ikonenmaler der Rüstkammer. Für Evdokija arbeitete, wie wir oben sahen, Kirill Ulanov. Unter den Ikonen Sofias finden sich häufig Erzeugnisse eines weiteren bekannten Ikonenmalers der Rüstkammer, Michail Miljutin. Eine von ihm signierte, schöne, dreiteilige „Deesis" (Nr. 8) war, der Inschrift der Rückseite zufolge, eine Gebets-Ikone der Zarentochter Sofia Alekseevna. Auch eine Brustbild-Darstellung Johannes des Wegbereiters mit glattem, vergoldeten Beschlag, offensichtlich ein Teil einer nicht erhalten gebliebenen Deesis, war eine signierte Arbeit von Michail Miljutin, im Besitz der Zarentochter Sofia.
Zu dem Eigentum Sofias zählte auch die Ikone „Gottesmutter von Iversk", gemalt auf Athos. Auf die Ikone wurde am Ende des 17. Jhs. ein glatter, silberner Beschlag gelegt, vergoldet mit zusätzlichen acht goldenen und emaillierten kleinen Vitaszenen. Der Beschlag wurde durch die Moskauer Rüstkammer angefertigt. Möglicherweise handelt es sich hier um eine der frühesten russischen Darstellungen der Gottesmutter von Iversk mit Wundertaten (Nr.14).

Gottesmutter Hodegetria. Fresko in der Lunette des Triumphbogens der Smolensker Kathedrale. 16. Jh.

MP
IC XC
ΘΥ

Manchmal kamen in das Neue Jungfrauen-Kloster Ikonen aufgrund eines „Gelübdes". So stiftete der Truchseß Matfej Ivanovič Zaseckij im Jahre 1708 dem Kloster ein Triptychon. Eine silbere Miniatur-Darstellung der Gottesmutter von Fedorovsk im Mittelteil und zwei Heilige in voller Größe auf beiden Flügeln (Nr. 27). Die Ikone im Mittelteil wurde von Kirill Ulanov im Jahre 1707 gemalt. Auf den Flügeln ist die Malerei auf Silber angebracht. Das Triptychon als ganzes ist durch Gravur, Niello und Bernstein verziert.
Unter dem liturgischen Gerät, hergestellt durch die Geldmittel Geistlicher, befindet sich ein silberner, vergoldeter und gravierter Abendmahls-Kelch aus dem Jahre 1692 (Nr. 48). Den Abendmahls-Kelch stiftete dem Neuen Jungfrauen-Kloster der Hieromonachos (ein zum Priester geweihter Mönch; Übers.) Varfolomej, welcher der Geistliche der „Kuteiner Nonnen" war. Die Charakteristik der Gravur und die Fülle der geschnittenen Pflanzen-Motive erlauben es, eine Verbindung der Ausführung dieses Abendmahl-Kelches mit der Arbeit ukrainischer Silberschmiede in Moskau anzunehmen.

Später, im Jahre 1698, stiftete die Äbtissin des Neuen Jungfrauen-Klosters Pamfilija Potemkina, eine ehemalige Nonne des Kuteiner Klosters, ein silbernes, vergoldetes Tabernakel. Die wesentliche Verzierung des Tabernakels besteht in vier gravierten Seiten, mit Szenen der vier Evangelien. Ikonographisch betrachtet stützen sich die Gravuren vollständig auf die europäische Buchgraphik (Nr. 43). Die technische Ausführung ist gekennzeichnet von großer Genauigkeit und Reinheit. Mit größter Wahrscheinlichkeit wurde das Tabernakel von ausgesiedelten, ukrainischen oder weißrussischen Meistern angefertigt, die durch familiäre Beziehungen mit den Nonnen des Neuen Jungfrauen-Klosters verbunden waren.
Schließlich wurde durch die Arbeit der Nonnen der Bestand der Sammlung des Neuen Jungfrauen-Klosters ständig ergänzt und erweitert. In den Räumen ihrer Werkstätten entstand eine mit großen Flußperlen geschmückte Garnitur Velen für liturgische Gefäße (Nr. 56–58). Auf dem oberen, rechteckigen Velum, welches als „die Luft" bezeichnet wird, befindet sich, auf dunkelrotem Samt-Hintergrund, ein stilisiertes Pflanzen-Ornament aus eng aneinandergefügten Perlen. Die schweren, feierlichen Meßgewänder, aus kostbarem, eingeführtem Stoff (Samt und Brokat), aufgereihten Perlen und Edelsteinen, wurden ausschließlich in Frauenklöstern gefertigt (Nr. 59–61). Dort wurden auch Mitren hergestellt, meist mit Edelmetallplättchen auf der gesamten Oberfläche, mit gravierten Darstellungen, Edelsteinen und aufgereihten Perlen. Eine solche Mitra wurde auch von den Zaren Ioann und Peter im Znamensker Kloster bestellt (Nr. 62).
Die Blütezeit des Buchwesens im Kloster, in der zweiten Hälfte des 17. Jhs., hing mit der Anwesenheit ukrainischer und weißrussischer Nonnen zusammen. Im besonderen erwiesen sich die Nonnen aus dem Kuteiner Kloster – welches in der Nähe des Kuteiner Klosters für Männer lag und eine Druckerei besaß – als erfahren und kundig in der Arbeit mit Handschriften. Darüber hinaus führten diese Nonnen viele Neuerungen im Bereich der Alltagsvorschriften ein. Die wichtigste Neuerung war eine besondere musikalische Ordnung des Kirchengesangs. Für die Sammlung der Gesänge wurden Gesangbücher (russ. Irmologii; gr. hiermos – Geflecht; Übers.) hergestellt. Ein solches Gesangbuch aus dem Jahre 1666 (Nr. 64) ist mit der Miniaturdarstellung des Autors vieler Kirchengesänge des Johannes Damaskenos verziert.

Großes Interesse erweckte bei den Nonnen die gemeinschaftliche Lesung unterweisender Literatur im Refektorium. Besonders bevorzugt war die Heiligen-Geschichte des Vasilij Novyj, welche ausführlich die „luftigen Plagen" der sterbenden und wiederbelebten Nonne Feodora schildert. Dieses Werk aus dem Jahre 1683 (Nr. 65) ist mit einer großen Anzahl von Miniaturen geschmückt, die den Text der Handschrift erläutern sollen.
Die Sammlung der Ikonen und des liturgischen Gerätes besitzt einen in sich geschlossenen Charakter, bestimmt durch die Besonderheiten der

geschichtlichen Entwicklung des Klosters, und ist schon deswegen einzigartig und unwiederholbar. In solchen Kollektionen spiegelt sich die Größe der russischen Kultur des 15.–17. Jahrhunderts.

Irina G. Borisenko

[1] Gemeint sind hier sog. „posadskie chramy" – Kirchen der posadniki. Posadniki waren im alten Rußland städtische Kaufleute und Handwerker, die einen eigenständigen Stand bildeten und tw. abgegrenzte Bezirke (– „posady") neben der Stadt (dem Kreml) besiedelten; Übers.
[2] Diese Arbeiten werden unter dem altruss. Begriff „zlatošvej" (– Goldnäharbeit) zusammengefaßt, also die Herstellung von Meßgewändern aus wertvollem Material.
[3] „Carskie isografy" – Isographen des Zaren. Isographie- die genaue Wiedergabe von In- und Handschriften; Übers.
[4] Diese Darstellungen bzw. Ikonen (ca. 1,50 m) der Grablegung haben die Bezeichnung „plaščanicy". Die „plaščanica" wird während der Karfreitagsprozession aus dem Altarbereich in den Kirchenraum getragen und bildet einen wesentlichen Bestandteil des Karfreitag-Gottesdienstes. Die Ikone selbst ist mit verzierten Stoffen geschmückt.
[5] „Ioann Predteča" – Johannes der Wegbereiter. „Predteča" ist ein Beiname Johannes des Täufers, er ist bezogen auf die Erscheinung Christi und bedeutet, der Vorgänger und Wegbereiter; Übers.
[6] Hesychasmus – Mystische Lehre im orthodoxen Mönchstum, die durch stille Konzentration, das Taborlicht zu sehen sucht; Übers.
[7] „Opričniki" – Eine besondere Einheit Ivan des Schrecklichen, welche nur ihm unterstellt und bekannt für rücksichtsloses Durchgreifen war; Übers.
[8] Gemeint ist hier eine der fünf Grundtypen der Gottesmutter-Darstellung. Dem Typus „Umilenie" werden Ikonen zugeordnet, die Kind und Mutter, mit dem Gesicht einander zugewandt, darstellen; Übers.
[9] „Ioann Bogoslov" – Gemeint ist hier der Evangelist Johannes, welcher auch als der Verfasser der Apokalypse gilt. Die Bezeichnung „Bogo-slov", wörtlich „Theo-loge", kann in diesem Kontext einmal umfassender verstanden werden, als ursprünglicher Verkünder des Wortes Gottes, zum anderen durchaus wörtlich, im Sinne des „gelehrten" Theologen; Übers.
[10] Die altruss. Bezeichnung heißt „Pravednyj Iov v žitii"; dabei meint „Pravednyj" gerecht, rechtschaffen und heilig. Den „Pravednik" kennzeichnet vor allem die rechte Lebensführung; er ist von dem weltlichen Dasein nicht so vollständig losgelöst, wie der Heilige und stellt eine spezifische Weise der Heiligkeit dar.
[11] Diptychon – eine aus zwei Flügeln bestehende (Altar-) Ikone. Übers.

KATALOG

1. JOHANNES DER WEGBEREITER
(Johannes der Täufer)
13. Jh. Balkan

Beschlag – Silber, vergoldet, Gravur, Niello
Ende 16. Jh. Moskau
Holz, Kreidegrund (– „Levkas"), Tempera
47,5 x 38 cm
GIM 103803/3314

Eine Stiftung des Zaren Boris Godunov an das Neue Jungfrauen-Kloster, nach dem Tode seiner Schwester Irina (der Nonne Aleksandra), im Jahre 1602.

Lit.: Postnikova-Loseva M.M. „Russische Juwelierkunst: Die Zentren und Meister im 16. - 19. Jh."; Moskau, 1974.

2. JOHANNES DER WEGBEREITER – ENGEL DER WÜSTE

15. Jh.

Eine klösterliche Zeichnung
Holz, Kreidegrund, Tempera
71 x 55,5 cm
GIM 103803/6234

Die Ikonographie bezieht sich auf den Text des Markus-Evangeliums (1,2 -15). Besondere Verbreitung erlebte das Thema im Rußland des 15. u. 16. Jhs.

СЯПРИБ
ЛИЖИБО
СЯЦАРС
ТВОНЕБ
ОЕ

3. GOTTESMUTTER VON JAROSLAVL'
Panfil Tret'jak
1564. Novgorod

Beschlag – Silber, Basma, vergoldet
16. Jh. Moskau
Holz, Kreidegrund, Tempera
128 x 96 cm
GIM 103803/5648

Die Inschrift auf der Rückseite: 7072 GO M(ES-JA)CA MAJA V 9 POSTAVIL SIJU IKONU /V CHRAM ČJU(DO) TVORCA NIKOLY NA LIPNO INOK IGNATEJ JUROVSKOJ/ P (3) TUCHOL PISAL PANFIL TRET'JAK ANDREEV S(Y)N POPOV IZ SLAVNA.
Üb.: „Im Jahre 7072 am 9ten des Monats Mai stellte diese Ikone / in die "Kirche des Wundertätigen Nikola auf dem Lipno„ der Mönch Ignatij Jurovskij / die Ikone malte Panfil Tret'jak Andreev Sohn des Popov aus Slavna."
Eine Stiftung, an das Neue Jungfrauen-Kloster, von Ivan dem Schrecklichen (Ivan IV.).
Die Ikonographie der „Gottesmutter von Jaroslavl'" entspricht einer russischen Variante des Typus Umilenie. Die älteste Ikone der Gottesmutter von Jaroslavl' entstand im 13. Jh. und gehörte Jaroslavl'er Fürsten.

Lit.: 1. Cjurik L.V. „Neues Jungfrauen-Kloster"; Moskau, 1974. 2. „Russische Meister der Malerei und Gravur der 16. – 18. Jahrhunderte. Ausstellungskatalog"; Moskau, 1989.

4. DREIEINIGKEIT DES ALTEN TESTAMENTES

Mitte 17. Jh. Moskau

Beschlag zusammengesetzt
Ränder - Silber, vergoldet, Ziselierung; Mitte 17. Jh.
Hintergrund, Kränze - Silber, vergoldet, Rubine; Ende 17. Jahrhundert
Holz, Kreidegrund, Perlen
31 x 27 cm
GIM 103803/3287

Gehörte der Zarentochter Sofia und befand sich, ab dem Jahre 1704, in ihrer Grabmal-Ikonostase.

Das Thema Dreieinigkeit des Alten Testamentes (AT, Genesis, Kap. 18) ist in der altrussischen Kunst schon vor der Mongolenzeit bekannt. Unsere Ikone gehört zu denjenigen, die unter dem Einfluß der „Dreieinigkeit" Andrej Rublevs entstanden. Sie bezieht sich auf den theologischen Aspekt, der in diesem Geschehen Ausdruck findet.

5. EHRWÜRDIGE EVDOKIJA

1650. Moskau

Beschlag – Silber, vergoldet, Niello
Holz, Kreidegrund, Tempera
45 x 13,5 cm
GIM 103803/3297

Maß- (bzw. Tauf-) Ikone der Zarentochter Evdokija Alekseevna (1650 – 1712). Die Höhe des Brettes entspicht der Größe („nach Maß") der Neugeborenen Zarentochter. Sie stand seit 1712 in ihrer Grabmal-Ikonostase.

6. EHRWÜRDIGE FEODOSIJA
80er Jahre des 17. Jh. Moskau

Beschlag - Siber, vergoldet, Gravur, Niello,
Holz, Kreidegrund, Tempera
31 x 27 cm
GIM 103803/17

Die Ikone gehörte der Zarentochter Feodosija Alekseevna (1662 - 1713).

7. DIE KREUZIGUNG MIT HEILIGEN AN DEN RÄNDERN.

Leontij Stefanov

1679. Moskau, Rüstkammer

Beschlag – Silber, vergoldet
Holz, Kreidegrund, Tempera
54 x 42 cm
GIM 103803/1315

Reliquien-Ikone. Auf den Rändern sind abgebildet:
Linker Rand – Johannes der Wegbereiter, hl. Anna, hl. Lukija, hl. Agapija, hl. Viktor, hl. Afrikan;
unterer Rand – hl. Vasilid, hl. Verina, hl. Iulianija, hl. Varvara, hl. Mavkirij;
rechter Rand – hl. Nikanor, hl. Antonij d. Große, hl. Lev Katanskij, hl. Urian, hl. Artemij Verkolskij, hl. Chrisanf.

Eine einlegbare Inschrift auf dem unteren Rand des Beschlages:
„V LETA 7187 SENTJABRJA 20 ČISLA SEJ S(VJA)TYJ OBRAZ PO OBEŠČANIJU SVOEMU POSTROIL I DAL VKLADU V DOM PR(E)S(VJA)TYJA B(OGORO)D(I)CY NOVOD(E)V(I)Č' M(O)N(A)ST(Y)R' BOJARIN I DVORECKOJ ORUŽEJNIČEJ BOGDAN / ZOVOMYJ IOV CHITROVO DLJA VEČNOGO POMENOVENIJA USOPŠICH RODU SVOEGO".

Am unteren Rand der Ikone die Inschrift:
„LETA 7187 GODU PISAL SEJ OBRAZ IKONOPISEC LEONTIJ STEFANOV".
Üb.: „Am 20. September des Jahres 7187 wurde dieses heilige Bildnis, gemäß seinem Gelübde, geschaffen und gestiftet dem Haus der Allheiligen Gottesgebärerin, dem Neuen Jungfrauen-Kloster, von dem Bojaren, Höfling und Verwalter der Rüstkammer Bogdan / genannt Iov (Hiob) Chitrovo, zum ewigen Andenken an die Verstorbenen seines Geschlechts." - „Im Jahre 7187 malte dieses Bildnis der Ikonenmaler Leontij Stefanov".

Leontij Stefanov – ein angestellter Ikonenmaler der Rüstkammer, in welche er im Jahre 1676 aufgenommen wurde. In den Jahren 1683-1685 malte er Ikonen in der Smolensker Kathedrale des Neuen Jungfrauen-Klosters.

INRI

8. DEESIS: ERZENGEL MICHAEL, ERLÖSER EMMANUEL, ERZENGEL GABRIEL

Michail Miljutin

1679. Moskau, Rüstkammer

Holz, Kreidegrund, Tempera
37 x 32 cm (jede Ikone)
GIM 103803/3313/1-3

Unterschriften:
Erzengel Michael – „Im Jahre 7187, eine Arbeit des höfischen Ikonenmalers Michail Miljutin";
Erlöser Emmanuel – „Im Jahre 7187 malte dieses Bildnis, des Zaren Isograph, Michail Miljutin";
Erzengel Gabriel – „Am dritten Tag des Januars, im Jahre 7187, malte dieses Bildnis der höfische Ikonenmaler Michail Miljutin".
Auf der Rückseite der Ikone befindet sich eine Inschrift aus dem 19. Jh.: „Mit den Gebeten der frommen Zarentochter und Großfürstin Sofia Alekseevna, Herrscherin von Groß- und Kleinrußland, wurde der Feldherr Petr Alekseevič Golovin gesegnet."
Michail Miljutin – ein Schüler des Simon Ušakov, ab 1673 in der Rüstkammer angestellt. Er malte häufig Ikonen für die Zarentochter Sofia Alekseevna.
Die Deesis wurde oft über den Eingangstüren der Kirchen angebracht. Die Bezeichnung geht auf das griechische deesis zurück und bedeutet Gebet und Bitte. Der im Katalog vorgestellte Typus der Deesis ist verbunden mit alten Darstellungsformen der Dreieinigkeit.
Im 19. Jh. waren diese Ikonen im Besitz der Äbtissin des Neuen Jungfrauen-Klosters, Vera Golovina (Äbtissin von 1861–1867).

ІНС
ХС
О

9. MÄRTYRIN SOFIA
Fedor Zubov
1685

Holz, Kreidegrund, Tempera
68 x 34 cm
GIM 103803/534

Kirchen-Ikone der Ikonostase des Seitenaltars in der Smolensker Kathedrale.

Fedor Zubov – geboren in der nord-russischen Stadt Velikaja Ustjuga; ab 1662 angestellter Ikonenmaler der Rüstkammer. Unter seiner Führung wurden in den 80-er Jahren des 17. Jhs. Ikonenmalarbeiten im Neuen Jungfrauen-Kloster durchgeführt.

Lit.: Brjusova V.G. „Fedor Zubov"; Moskau, 1985.

10. TAUFE CHRISTI IM JORDAN
Fedor Njanin
1685

Holz, Kreidegrund, Tempera
40 x 29 cm
GIM 103803/529

Auf der Rückseite die Inschrift: „Gemalt von Fedor Njanin“.
Diese Ikone befindet sich in der Fest-Reihe der Ikonostase des Seitenaltars Sofias in der Smolensker Kathedrale.

Fedor Njanin – ab 1668 angestellt in der Rüstkammer. In den 80-er Jahren des 17. Jh. arbeitete er zusammen mit F. Zubov im Neuen Jungfrauen-Kloster.

Lit.: „Russische Meister der Malerei und Gravur. Ausstellungskatalog“; Moskau, 1989.

11. GOTTESMUTTER VON SMOLENSK
Michail Miljutin
1687. Moskau, Rüstkammer

Beschlag – Silber, vergoldet, Email
Aufgelegte „Drobnicy“ (Siber-, bzw. Goldplättchen), Rosetten und Mitra, auf den Rändern und Kränzen
Ende 17. Jh., Rüstkammer
Holz, Kreidegrund, Tempera
35 x 31 cm
GIM 103803/3030

Inschrift: 195 PISAL / SEJ S(VJA)TYJ / OBRAZ IKONO/PISEC MI/CHAIL MI/LJUTIN.
Üb.: „Dieses heilige Bildnis malte der Ikonenmaler Michail Miljutin“.
Möglicherweise gehörte diese Ikone der Zarentochter Sofia.

Gottesmutter von Smolensk – eine der ältesten Ikonen-Darstellungen des Typs Gottesmutter Hodegetria (griechisch-die Wegweiserin), in Rußland seit dem 12. Jh. bekannt. Einer Überlieferung nach soll die Ikone im Jahre 1103, aus Byzanz kommend, in der Mariä-Himmelfahrts-Kathedrale von Smolensk aufgestellt worden sein. Es sind berühmte und wertvolle Kopien dieser Ikone hergestellt worden; zu Ehren einer solchen Ikone wurde die Smolensker Kathedrale des Neuen Jungfrauen-Klosters erbaut.

Lit.: „Neues Jungfrauen-Kloster. Eine Führung“; Moskau, 1988; zusammengestellt von N. F. Trutneva, M. M. Švedova.

12. EINFÜHRUNG IN DEN TEMPEL
Kirill Ulanov
1690. Moskau, Rüstkammer

Holz, Kreidegrund, Tempera
112 x 75 cm
GIM 103803/6759

Inschrift: „198 LETA PISAL SIJ OBRAZ KIRIL OULANOV". Üb.: „Dieses Bildnis malte im Jahre 198 Kiril Ulanov".
Die Ikone stammt aus der örtlichen Reihe der Ikonostase der Mariä-Schutz-Torkirche im Neuen Jungfrauen-Klosters.

(1) Kirill Ulanov – ab 1688 angestellter Ikonenmaler der Rüstkammer. Ab 1710 – Mönch des Krivoezerskij-Klosters bei der Stadt Jur'evič. Im Neuen Jungfrauen-Kloster sind Ikonen erhalten geblieben, die der Meister vor und nach seiner Mönchs-Weihe malte.
(2) Einführung in den Tempel – einer der zwölf wichtigsten Feiertage in der orthodoxen Kirche (russ. „dvunadesjatye prazdniki"). Die Begebenheit steht im Zusammenhang mit der Kindheit der Jungfrau Maria und ist durch das apokryphische Protoevangelium von Jakob (Kap. VII – VIII) und durch die Werke der Heiligen Kirill Aleksandrijskij, Grigorij Nieskij und Johannes Damaskenos bekannt geworden. Dieser Feiertag wurde im 13. Jh. in die russ. Orthodoxie eingeführt. Die erste Darstellung des Feiertages, in der altrussischen Kunst, befindet sich in dem Seitenaltar von Ioakim und Anna der Kiever Sophien-Kathedrale (11. Jh.).

Lit.: „Russische Meister der Malerei und Gravur der 16.- 18. Jahrhunderte. Ausstellungskatalog"; Moskau, 1989.

13. IOANN BOGOSLOV
Tichon Filat'ev (?)
1690. Moskau, Rüstkammer

Holz, Kreidegrund, Tempera
144 x 92 cm
GIM 103803/1258

Möglicherweise eine Kirchen-Ikone der Ioann Bogoslov-Kirche, im zweiten Stockwerk des Glockenturmes des Neuen Jungfrauen-Klosters.

Tichon Filat'ev – seit 1678 angestellt in der Rüstkammer. Er malte Ikonen für die Zarentöchter Miloslavskij.

Lit.: „Russische Meister der Malerei und Gravur der 16.- 18. Jahrhunderte. Ausstellungskatalog"; Moskau, 1989.

14. GOTTESMUTTER VON IVERSK MIT WUNDERTATEN

17. Jh. Moskau, Rüstkammer

Holz, Kreidegrund, Tempera
Auf der Rückseite des Brettes sind Monogramme und eine Kreuzes-Darstellung
76 x 60 cm
GIM 103803/5647
Beschlag – Silber, vergoldet, Email
Ränder, Hintergrund
Gewänder, Kränze – Niello, Gravur, Email

Eine Zellen-Ikone der Zarentochter Sofia, sie befand sich seit 1704 in ihrer Grabmal-Ikonostase.

Gottesmutter von Iversk Portaitissa – ein Typus, welcher in Rußland, nach der Einfuhr einer Kopie aus Athos, im Jahre 1648, große Verbreitung fand. Die Kopie stiftete dem Neuen Jungfrauen-Kloster Zar Aleksej Michajlovič, dort ist sie bis heute aufbewahrt. Ende des 17. Jhs. wurden für die Zarenfamilie weitere Kopien erstellt. Die hier zu betrachtende Ikone zählt zu den den ersten, welche die Vitaszenen der Iversker Gottesmutter darstellen.

An den Rändern acht Vitaszenen: 1. Fließendes Blut auf dem Anlitz der Gottesmutter (auf der Ikone). 2. Das Untertauchen der Ikone ins Meer durch eine Witwe. 3. Iversker Nonnen (Staricy) erblicken im Meer eine Feuer-Säule. 4. Der Mönch (Starec) Gavril träumt von der Ikone. 5. Der Mönch Gavril empfängt die Ikone und stellt sie in die Kathedral-Kirche. 6. Die wundersame Überführung der Ikone aus der Kathedral-Kirche auf die Höhe der Kloster-Tore. 7. Die zweite Vision des Gavril. 8. Die Rettung des Klosters von den Persern durch die Fürsprache der Gottesmutter.

16. JOHANNES DER WEGBEREITER
Michail Miljutin
Ende 17. Jh. Moskau, Rüstkammer

Holz, Kreidegrund, Tempera
Beschlag - Silber, vergoldet
33 x 28 cm
GIM 103803/3249

Eine Zellen-Ikone der Zarentochter Sofia, seit 1704 in ihrer Grabmal-Ikonostase in der Smolensker Kathedrale.

17. ERZENGEL MICHAEL
Kirill Ulanov
Ende 17. - Anfang 18. Jh.
Moskau, Rüstkammer

Holz, Kreidegrund, Tempera
32,5 x 25,5 cm
GIM 103803/3304

Inschrift: „Kirill Ulanov".
Die Ikone stammt aus der Grabmal-Ikonostase der Zarentochter Evdokija Alekseevna.

Lit.: „Russische Meister der Malerei und Gravur der 16. - 18. Jahrhunderte. Ausstellungskatalog"; Moskau, 1989.

кiрилъ уланов

18. ERZENGEL GABRIEL
Kirill Ulanov (?)
Ende 17. - Anfang 18. Jh.
Moskau, Rüstkammer

Holz, Kreidegrund, Tempera
31 x 24 cm
GIM 103803/3305

Die Ikone stammt aus der Grabmal-Ikonostase der Zarentochter Evdokija Alekseevna.

АРХАГГЛЪ ГАВРИЛЪ
ХС

19. JOHANNES DER WEGBEREITER

Mönch Kornilij (Kirill Ulanov)

1712. Moskau, Rüstkammer

Holz, Kreidegrund, Tempera
50,5 x 38 cm
GIM 103805/3306

Inschrift: „1713 gemalt von dem Mönchen Kornilij Ulanov".
Die Ikone stammt aus der Grabmal-Ikonostase der Zarentochter Evdokija Alekseevna.

Lit.: „Russische Meister der Malerei und Gravur der 16. - 18. Jahrhunderte. Ausstellungskatalog"; Moskau, 1989.

20. EHRWÜRDIGER SERGIJ RADONEŽSKIJ

1713. Moskau, Schule der Rüstkammer

Holz, Kreidegrund, Tempera
32 x 16 cm
GIM 103803/3302

Inschrift: 713
Die Ikone stammt aus der Grabmal-Ikonostase der Zarentochter Evdokija Alekseevna.

Sergij Radonežskij (1314 – 1392) – Ein bedeutender russischer „podvižnik“ (-Asket; Übers.) und Reformator des Mönchstums im nördlichen Rußland. Der Gründer des Dreieinigkeits-Sergius-Klosters (Lavra) 1337. Er wurde 1452 von der russischen Kirche kanonisiert.

21. EHRWÜRDIGER SAVVA STOROŽEVSKIJ

1713. Moskau, Schule der Rüstkammer

Holz, Kreidegrund, Tempera
32 x 15,5 cm
GIM 103803/3303

Die Ikone stammt aus der Grabmal-Ikonostase der Zarentochter Evdokija Alekseevna.

Savva Storoževskij – ein Schüler des Erw. Sergij Radonežskij. Der Begründer des Savva-Storoževskij-Klosters in Zvenigorod.

22. EINE IKONOSTASE AUS SIEBEN IKONEN

Mitte 17.Jh.
obere Reihe - fünf Ikonen;
untere Reihe - zwei Ikonen

Rahmen der Ikonostase - Holz, Zinn, Glimmer, Vergoldung
17. - 18. Jh. Moskau
190 x 160 cm

Die Ikonostase ist eine Stiftung an das Neue Jungfrauen-Kloster von dem Zaren Aleksej Michailovič. Die Ikonen gehörten, Überlieferungen zufolge, der Zarenfamilie.

Die Ikonen der oberen Reihe:

MITROPOLIT ALEKSIJ

Mitte 17. Jh. Moskau
Beschlag - Silber, Basma, Skan'
Holz, Kreidegrund, Tempera
40 x 31 cm
GIM 103803/3317

Mitropolit Aleksij (1293 - 1378) - Mitropolit von Moskau und ganz Rußland ab 1355. Erzieher und Vormund des Fürsten Dmitrij Donskoj. Er wurde 1431 von der russischen Kirche kanonisiert.

GOTTESMUTTER UMILENIE

Mitte 17. Jh.
Beschlag - Silber, vergoldet, Basma
40 x 31 cm
GIM 103803/3317

GOTTESMUTTER VON SLOVENSK

Mitte 17. Jh.
Beschlag - Silber, vergoldet, Basma
Holz, Kreidegrund, Tempera
40 x 32 cm
GIM 103803/3317

Gottesmutter von Slovensk - eine Kopie der wundertätigen Ikone, welche der Legende nach in den 30er Jahren des 17. Jhs., in der Wüste bei Kostroma, erschien.

GOTTESMUTTER UMILENIE

Mitte 17. Jh.
Beschlag - Silber, vergoldet, Basma
Holz, Kreidegrund, Tempera
40 x 31 cm
GIM 103803/3317

GOTTESMUTTER VON MAKSIMOVSK

Mitte 17. Jh.
Beschlag - Silber, vergoldet, Basma, Skan'
Holz, Kreidegrund, Tempera
40 x 32 cm
GIM 103803/3317

Gottesmutter von Maksimovsk - eine Kopie der wundertätigen Ikone, Ende 13. Jh.. Sie wurde in Vladimir (am Fluß Kljaz'ma) aufbewahrt.

Die Ikonen der unteren Reihe:

DREIEINIGKEIT DES ALTEN TESTAMENTES.

Mitte 17. Jh.
Der Beschlag ist zusammengesetzt:
Ränder - Silber, Basma, vergoldet
Mitte 17. Jh. Moskau
Kränze - Silber, vergoldet, Schmiedearbeit („kovka"), Guß
1703. Moskau
Meister - Ivan Samarin
Holz, Kreidegrund, Tempera
111 x 93 cm
GIM 103803/3317

MARIÄ-SCHUTZ

Ende 16. - Anfang 17. Jh. Moskau
Beschlag - Silber, vergoldet, Schmiedearbeit, Ziselierung
Ende 18. Jh. Moskau
Holz, Kreidegrund, Tempera
111 x 93 cm
GIM 103803/3317

Mariä-Schutz (russ. „Pokrov Bogorodicy") - ein Feiertag der in Rußland im 12. Jh. eingeführt wurde, unter der Regentschaft des Fürsten Andrej Bogoljubskij. Die älteste Darstellung des Feiertages in der altrussischen Kunst geht auf das 13. Jh. zurück: Eine Vitaszene auf den Toren der Christi-Geburt Kathedrale in Suzdal'.

Lit.: 1. Priester A. Rečmenskij „Die Sammlung alter Kirchen-Denkmäler, zum Gedächtnis an 300 Jahre Regentschaft des Hauses Romanov"; Moskau, 1913. 2. Cjurik L.V. „Neues Jungfrauen-Kloster"; Moskau, 1974.

23. PILATUS WÄSCHT SEINE HÄNDE
Schule des Fedor Zubov
1685. Moskau

Holz, Kreidegrund, Tempera
66 x 65 cm
GIM 103803/1226

Auf der Frontseite befindet sich, mit Metallweiß aufgetragen, eine Inschrift: „PILAT ŽE RUKI SVOJA UMYVAET ČIST AZ OT KROVE/ SEJA VOZGLAŠAET".
Üb.: „Pilatus aber wäscht seine Hände und verkündet sich als gereinigt von dem Blute".
Die Ikone befand sich in der Passions-Reihe der Ikonostase, bestehend aus 14 Ikonen, der Smolensker Kathedrale.

Die Waschung der Hände (Matthäus, 27, 24.). Die Karwoche erweckte bei den russischen Ikonenmalern, der zweiten Hälfte des 17. Jhs., besondere Aufmerksamkeit. Bei der Erstellung der Kompositionen dieses Zyklus' wurden oft europäische und ukrainische Buchgravuren verwendet.

Lit.: Trenev D.K. „Die Ikonostase der Smolensker Kathedrale"; Moskau, 1902.

24. GOTTESMUTTER – LEBENSSPENDENDE QUELLE

Simon Ušakov, Sergej Rožkov

1670. Moskau

Beschlag – Silber, vergoldet, Email, Guß, Perlen, Edelsteine
Holz, Kreidegrund, Tempera
53 x 49 cm
GIM 103803/1309

Die Ikone Gottesmutter-Lebensspendende Quelle – in Byzanz wurde die Ikone zum Gedenken an den Wiederaufbau der Gottesgebärerin-Kirche gefeiert, diese befand sich über der Heilquelle, nahe Konstaninopel. In der russischen Ikonographie sind frühere Ikonen (vor dem 17. Jh.) des Themas „Gottesmutter- Lebensspendende Quelle" nicht bekannt.

Die Vitaszenen: 1. Imperator Lev erlangt die Quelle. 2. Imperator Lev heilt einen Blinden mit dem Wasser der Quelle. 3. Der Bau einer Kirche bei der Quelle. 4. Heilung des Imperators Justinian. 5. Die Heilung der Imperatorin Elena von der Unfruchtbarkeit, die Geburt von Imperator Konstantin. 6. Erneuerungsarbeiten an der Kirche, ausgeführt von Imperator Vasilij Mekedonjanin und Lev Mudryj (der Weise). 7. Die Heilung der Imperatorin Zoja von Unfruchtbarkeit und die Geburt von Konstantin Parfirogenet. 8. Die Wiedererweckung eines Thessalonikers. 9. Die wundersame Rettung der Kirche durch die Gottesmutter. 10. Die Heilung Besessener und die Rettung aus dem Kerker mit Hilfe des Quellwassers. 11. Die Heilung des Imperators Lev und Feofana, seiner Brüder Stefan und Ioann, des Patriarchen Jerusalems. 12. Die Heilung von Patrikija, Tarasija, seiner Mutter und seines Sohnes. 13. Die Heilung des (...) Ioann und eines anderen (...) von schlimmen Vereiterungen. 14. Heilung ... 15. Heilung ... 16. Heilung.
Auf der Rückseite der Ikone befindet sich eine Inschrift: „SEJ OBRAZ / PRES(VJA)TYE B(OGORO)D(I)CY MNOGO ČUDESNYJ ŽIVONOSNYJ / ISTOČNIK POSTAVIL V NOVODEVIČ'E(M) M(O)N(A)ST(Y)R(E) BOJARIN I ORUŽENIČEJ BOGDAN MATVEEVIČ ZOVOMYJ IOV CHITROVO / V LETA 7178".
Üb.: „Dieses Bildnis / der Allheiligen Gottesmutter -wundersame Lebensspendende / Quelle stellte in das Neue Jungfrauen-Kloster der Bojar und Verwalter der Rüstkammer Bogdan Matveevič genannt Hiob Chitrovo / im Jahre 7178."
Stiftung des Bojaren V.M. Chitrovo an das Neue Jungfrauen-Kloster.

Simon Ušakov (1626 – 1686) – einer der führenden Ikonenmaler der Rüstkammer, er bestimmte wesentlich den Moskauer Stil der Ikonenmalerei in der 2ten Hälfte des 17. Jhs.; von 1664 bis 1686 angestellter Ikonenmaler der Rüstkammer. Unter seinen Schülern und Nachfolgern finden sich berühmte Namen, wie M. Miljutin, T. Filat'ev, K. Ulanov. Seine Arbeiten entstanden im Auftrag des Zaren, ein Teil von diesen ist in der Sammlung des Neuen Jungfrauen-Klosters erhalten geblieben.

Sergej Rožkov – ein Ikonenmaler aus der Kastroma, 1668 wurde er in der Rüstkammer angestellt. In den 80er Jahren des 17. Jhs. malte er Ikonen für die Smolensker Kathedrale des Neuen Jungfrauen-Klosters.

Lit.: „Russische Meister der Malerei und Gravur der 16. – 18. Jahrhunderte. Ausstellungskatalog"; Moskau, 1989.

25. NIKOLAUS DER WUNDERTÄTER
2tes Viertel 17. Jh. Moskau

Beschlag - Gold, Perlen, Niello
Holz, Kreidegrund, Tempera
31 x 26,5 cm
GIM 103803/3031

Vom Zaren Michail Fedorovič dem Neuen Jungfrauen-Kloster gestiftet.

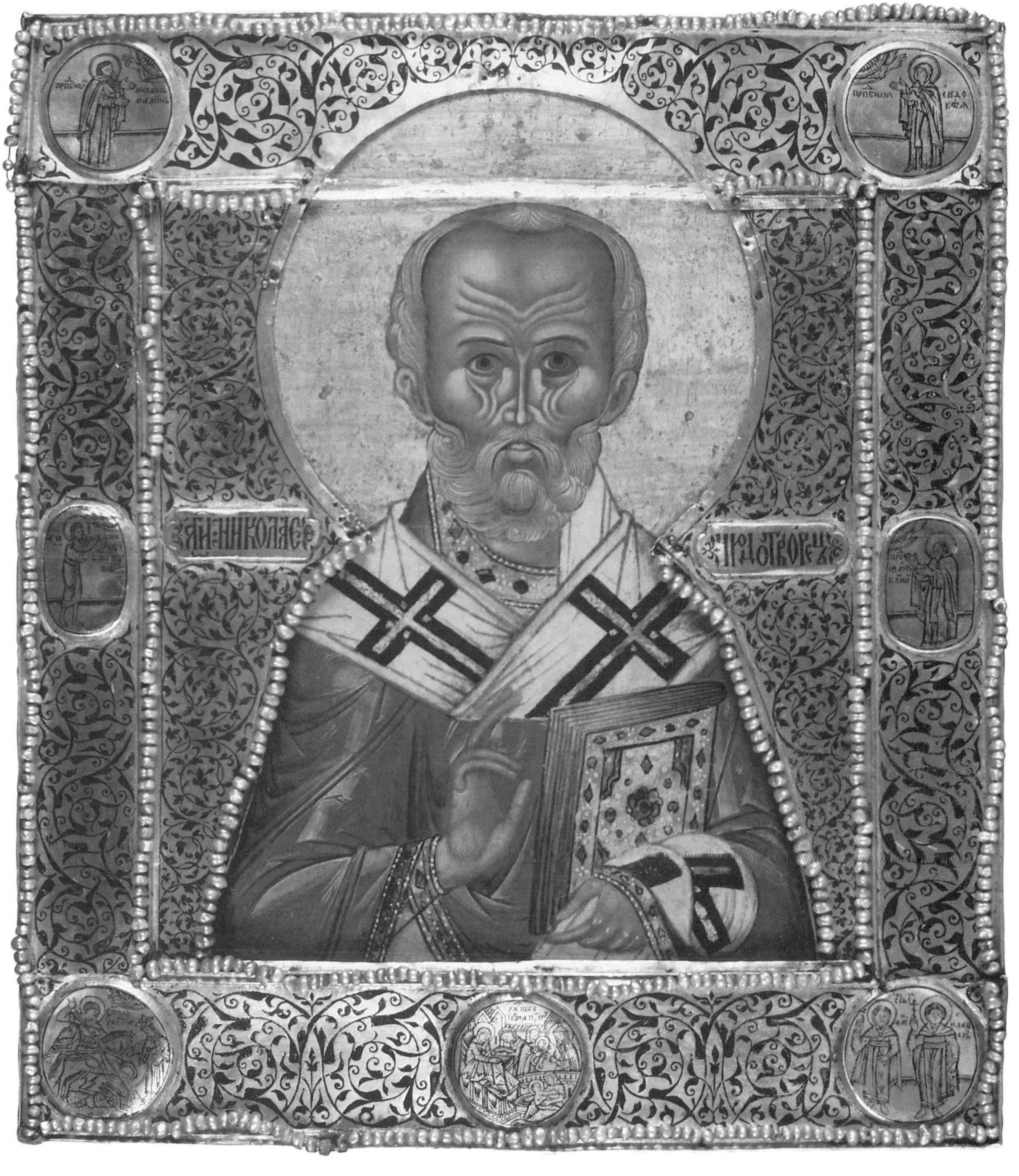

26. DREIHÄNDIGE GOTTESMUTTER

17. Jh. Moskau

Beschlag – Silber, vergoldet, Edelsteine
Holz, Kreidegrund, Tempera
31 x 27 cm
GIM 103803/3298

An den Rändern Brustbild-Darstellungen von Heiligen:
Oberer Rand: Erzengel Michael, Erzengel Raphael, Schutzengel, Erzengel Gabriel.
Linker Rand: Ap. Paulus, Evang. Matthäus, hl. Nikolaj, hl. Aleksandr, hl. Nikon, hl. Pimen, hl. Ioann Voin (der Krieger).
Rechter Rand: hl. Dmitrij, Urvater Enoch, hl. Nikandr, hl. Emelian, hl. Varlaamij, hl. Nil, Ioann Blažennyj (- der Selige).
Unterer Rand: hl. Nikon, hl. Sergij, hl. Sosipatr, hl. Iason, Ap. Lukas, hl. Ioann, Ap. Petrus, hl. Maksim, hl. Dada, hl. Ikintilian, hl. Maruj, hl. Artemij.

Eine Zellen-Ikone der Zarin Evdokija Fedorovna, sie befand sich ab 1731 in ihrer Grabmal-Ikonostase.

Dreihändige Gottesmutter – eine Überlieferung verbindet die Erscheinung der Ikonographie mit dem Namen Johannes Damaskenos (13. Jh.), welcher die (dritte) Hand als eine Votivgabe an die Ikone anlegte. Im 16. Jh. wurde die Ikone nach Serbien gebracht, daraufhin nach Athos, in das Kloster Chilandar'. Im Jahre 1661 wurde auf Bestellung des Patriarchen Nikon eine genaue Kopie angefertigt und nach Moskau gebracht.

Lit.: Cjurik L.V. „Neues Jungfrauen-Kloster"; Moskau, 1974.

27. TRIPTYCHON
Kirill Ulanov
1708. Moskau

Holz, Kreidegrund, Tempera
Beschlag – Silber, vergoldet, Gravur, Niello
23 x 13 cm
GIM 103803/1333

Mittelteil – die Gottesmutter von Fedorovsk mit Heiligen an den Rändern. Linker Rand – Johannes der Wegbereiter, der Wundertätige Nikolaj; rechts – Matthäus, Maria Magdalena. Oben – der Erlöser von Smolensk.
Auf dem unteren Rand die Inschrift: „1706 gemalt von Kiril Oulanov".
Auf der Innenseite des Flügels – Malerei auf Metall.
Der linke Flügel – Erzengel Gabriel, Mitropolit Aleksij, hl. Michail, hl. Efrem Novotoržskij, hl. Ioann Milostivyj. Der rechte Flügel – die Gottesmutter, hl. Ioann Zlotoust, hl. Ioann Voin (der Krieger), hl. Valentin, hl. Marija Egipetskaja (von Ägypten).
Auf der Außenseite der Flügel befinden sich Gravuren.
Linke Seite – die Grablegung.
Rechte Seite – die Kreuzigung.
In der Kartusche der äußeren Flügelseite befindet sich die Inschrift: „Das hier zu sehende / heilige Bildnis der Gottesmutter der Beschlag und das "kiot„ (/) wurde, entsprechend einem Gelübde / erstellt von dem Truchseß Matfej / Ivanov Sohn des Za/seckij im Monat November des Jahres 1708".

Die Gottesmutter von Fedorovsk – die älteste Ikone dieses Typs wird auf das 13. Jh. datiert und befindet sich in Kostroma. Die Verehrung dieser Ikone von den Moskauern geht darauf zurück, daß diese Ikone sich in ständigem Familienbesitz des Hauses Romanov befand. Der Erlöser von Smolensk – die lebensgroße Darstellung des Erlösers, mit vor ihm Betenden ist als Thema seit dem 10. Jh. in der christlichen Kunst bekannt. Die russische Variante der Ikonographie geht möglicherweise auf die Vision einer Nonne zurück. Sergej Radonežskij und Varlaam Chutynskij vor dem Erlöser betend, symbolisierten die Fürsprache für Moskau.

28. GOTTESMUTTER VON SMOLENSK
Tichon Filat'ev
1688

Beschlag – Silber, Kreidegrund, Tempera
30 x 25 cm
GIM 103803/22

Inschrift: „197 gemalt von Tichan Ivanov, Sohn des Filat'ev".

Lit.: „Russische Meister der Malerei und Gravur der 16.–18. Jahrhunderte. Ausstellungskatalog"; Moskau, 1989.

29. GOTTESMUTTER VON VLADIMIR
17. Jh. Moskau.

Beschlag – Silber, Gravur, Bernstein, vergoldet, Edelsteine, Perlen, Email
Holz, Kreidegrund, Tempera
33,5 x 28,5 cm
GIM 103803/3038

Zellen-Ikone der Zarentochter Sofia.
Auf den Rändern sind lebensgroße Figuren Heiliger: Rechter Rand – Erzengel Michael, Schutzengel; linker Rand – Erzengel Gabriel, hl. Anufrij.
Auf dem unteren Rand sind Brustbild-Darstellungen: hl. Paraskeva Pjatnica, die Zarentochter ...
hl. Ekaterina, hl. Varvara, hl. Evdokija.

30. WEIHWASSER-GEFÄSS

1581. Rußland

Silber, vergoldet, Ziselierung
d = 38 cm, h = 25 cm
GIM 103805
NDM 3284/300

Die Schale ist rund, glatt mit ziselierten Ornamenten, der Unterbau mit geschnittenen und geätzten Ornamenten geschmückt; der Rumpf des Bechers ist glatt und weiß mit vergoldetem Kranz, darauf befindet sich, auf Bernstein-Grund, eine ziselierte Ligatur: „Am fünfzehnten Tag des Monats Dezember des Jahres 7090, wurde auf Befehl des Fürsten Ivan Ivanovič dieser Becher gefertigt, für das Neue Jungfrauen-Kloster, für die Kirche der Allreinen Gottesmutter, der wahren Odigitrija". Im Zentrum des Bodens befindet sich eine herausstehende „Zielscheibe" („mišen'") mit ziseliertem, geätztem Ornament. Eine Stiftung an das Neue Jungfrauen-Kloster von Ivan dem Schrecklichen.

Lit.: 1. Ovsjannikov Ju. M. „Neues Jungfrauen-Kloster."; Moskau, 1968. 2. Cjurik L.V. „Neues Jungfrauen-Kloster."; Moskau, 1974. 3. Trutneva N. F., Švedova M. M. „Neues Jungfrauen-Kloster."; Moskau, 1988.

31. LITURGISCHE SCHALE

16. Jh. Rußland.

Silber, Gravur
d = 27 cm
GIM 103805
NDM 1337/332

Im Zentrum der Schale ist eine Abbildung des Golgatha-Kreuzes, auf dem Hintergrund Jerusalems; an dem Rand zwei ziselierte Relief-Streifen. Eine Inschrift mit großen Relief-Buchstaben: „Schale des Großfürsten, Sohnes des Jurij Ivanovič". Dann eine kleinere Inschrift: „Liturgische Schale der Fürstin Aleksandra Oudel'naja". Dem Neuen Jungfrauen-Kloster von Ul'jana Udel'naja gestiftet.

Lit.: Ovsjannikov Ju.M. „Neues Jungfrauen-Kloster."; Moskau, 1968.

32. EVANGELIUM

16.–18. Jh. Moskau.

Papier, Holz, Silber, vergoldet, Skan', Guß
32 x 21,5 cm
GIM 103805
NDM 1335/325

Das obere Brett – vergoldetes Silber, Skan', das Muster aus pflanzlichen Verflechtungen. Auf dem Brett sind fünf ziselierte Auflagen mit fünfblättriger Oberfläche auf sich windenden Säulen. Im Zentrum die Kreuzigung mit den Davorstehenden, auf den Ecken Darstellungen der vier Evangelisten.
Der Rücken des Buches und das untere Brett ist mit karmesinrotem Samt bespannt, mit fünf geschnitzten Auflagen.
Aus dem Neuen Jungfrauen-Kloster in Moskau.

Lit.: 1. Ovsjannikov Ju.M. „Neues Jungfrauen-Kloster."; Moskau, 1968.

33. EVANGELIUM

18. Jh. Kiev

Papier, Holz, Silber, vergoldet, Email
19 x 11,5 cm
GIM 103805
NDM 2913/47

Auf dem oberen Brett befinden sich fünf Auflagen mit gezahnten Ecken. Auf vergoldetem Grund sind, mit Niello Umrandungen im Stile des Rokoko gemacht, ferner die Abbildungen der vier Evangelisten und der Auferstehung. Auf den glatten Grund des Brettes sind silberne und emaillierte Köpfe der Cherubim aufgelegt. Auf dem unteren Teil des Brettes befindet sich eine größere Darstellung der Verkündigung; auf dem Rücken ebenso eine Niello verarbeitete Darstellung des „Traumes Jakobs". Auf den Biegungen des Buch-Rückens sind geschnittene Cherubim und auf den Verschlüssen Darstellungen der Apostel Petrus und Paulus. Auf der Innenseite der Bretter sind Vitaszenen. Inschrift: „1767", „MO". Ein Evangelium mit Gravurarbeiten der Meister Irinij und Filaret. Aus dem Neuen Jungfrauen-Kloster in Moskau.

34. EVANGELIUM

17. Jh. Moskau.

Papier, Holz, Email, Silber, Ziselierungen, Edelsteine, Email, Glas
42 x 27,5 cm
GIM 103805
NDM 3145/132

Das obere Brett ist vergoldet und glatt, mit fünf hohen Relief-Auflagen: Die Kreuzigung mit den Davorstehenden und den vier Evangelisten, neben Tischen stehend. Die Vitaszenen sind im Umriß geschmückt mit Perlen. Auf dem Deckel sind Nischen mit Edelsteinen und Glas angelegt und emailliert.
Das untere Brett und der Rücken sind mit goldrotem Samt bespannt. Auf dem Brett sind fünf flache Auflagen mit gewölbten Füßchen und geschnittenem, geäztem Ornament. Auf den Verschlüssen gegossene Auflagen.
Das Evangelium ist verziert mit Gravur der vier Evangelisten auf Goldpapier.
Aus dem Neuen Jungfrauen-Kloster in Moskau.

35. PANAGIAR
16. Jh. Rußland

Silber, vergoldet, Ziselierungen, Gravur, Email
17 x 16 cm
GIM 103805
NDM 3224/144

Auf der Frontseite des oberen Flügels, auf dem Hintergrund von in Silber eingeschnittenem Pflanzen-Ornament sind aufgelegte Guß-Figuren befestigt, welche eine Komposition der „Himmelfahrt" darstellen. Der äußere Ring besteht aus in Silber geschnittenen Pflanzen-Ornamenten. Auf ihm befinden sich kreuzartig angelegte ziselierte Silber-Plättchen mit Pflanzen-Ornamenten.
Auf der Rückseite sind, in fünf kreuzartig angelegten Kreisen, Heilige abgebildet; entsprechend der Gravur-Technik und ausgehöhltem Email. Oben – Nikola; mit der Inschrift: „OAGNIKOLA". Im Zentrum – Ioann Zlatoust, mit der Inschrift: „OAN ZLAT". Unten – Arsenij, mit der Inschrift: „OAARSENI". Links – Vasilij Velikij, mit der Inschrift: „VAS L OAG"; Rechts – Grigorij Bogoslov, mit der Inschrift: „GR GORII BOSLOV". Das Email ist blau und dunkel-kirschrot. Der Hintergrund ist besetzt mit durchbrochenem, geschnittenem Silber.
Die Innenseiten der Flügel sind graviert mit Darstellungen der Dreieinigkeit und der Gottesmutter „Znamenie", mit liturgischen Texten.
Aus dem Neuen Jungfrauen-Kloster in Moskau.

Lit.: 1. Ovsjannikov Ju.M. „Neues Jungfrauen-Kloster."; Moskau, 1968. 2. Nikolaeva T.V. „Altrussische kleine Plastik, 11.–16. Jh."; Moskau, 1968. 3. Cjurik L.V. „Neues Jungfrauen-Kloster."; Moskau, 1974.

36. PANAGIJA

16. Jh. Rußland

Gold, Skan', Saphir
6 x 6 cm
GIM 103805
NDM 3216/146

Achteckige Form, mit gradlinigen Ecken.
Die Flügel sind mit Scharnieren verbunden. Die Außenseite des oberen Flügels ist mit Skan' bedeckt, am Rand sind in Nischen vier Perlen und vier Steine befestigt. Die Oberfläche des unteren Flügels ist glatt.
Die Innenseiten der Flügel sind graviert mit Darstellungen der Dreieinigkeit und der Gottesmutter „Znamenie", mit liturgischen Texten.
Aus dem Neuen Jungfrauen-Kloster in Moskau.

37. PANAGIJA

16. Jh. Rußland

Silber, vergoldet, Skan', Email, Edelsteine, Knochen
9,5 x 6,5 cm
GIM 103805
NDM 3217/147

Der klappbare, ovale, obere Flügel besteht aus Skan', auf vergoldetem Grund, mit grünem und blauem Email und Edelsteinen. Im Zentrum ist eine reliefartige Knochen-Schnitzerei Christi angebracht. Der untere Flügel ist (unten) mit einer „Zunge" verziert, bedeckt mit Skan', grün und blau emailliert. Auf der „Zunge" befinden sich zwei Perlen und ein Stein. Der obere Teil ist glatt mit Türkis auf der Frontseite und Perlen auf dem Kopf des Scharniers.
Innen, auf dem oberen Flügel, ist in einem Skan'-Rahmen ein Knochen-Relief von „Znamenie"; auf dem unteren – die „Dreieinigkeit" mit geschnittener Inschrift, auf einem vergoldeten Plättchen: „VATER UND SOHN UND HEILIGER GEIST".
Aus dem Neuen Jungfrauen-Kloster in Moskau.

Lit.: Ovsjannikov Ju.M. „Neues Jungfrauen-Kloster."; Moskau, 1968.

38. BRUSTKREUZ
16. Jh. Rußland

Silber, vergoldet, Edelsteine
6,5 x 4 cm
GIM 103805
NDM 3221/153

Das Kreuz ist in vier vergoldete zylindrische Spitzen eingefaßt, verziert mit Edelsteinen, auf dem Umriß mit Perlen verziert.
Aus dem Neuen Jungfrauen-Kloster in Moskau.

Lit.: Ovsjannikov Ju.M. „Neues Jungfrauen-Kloster."; Moskau, 1968.

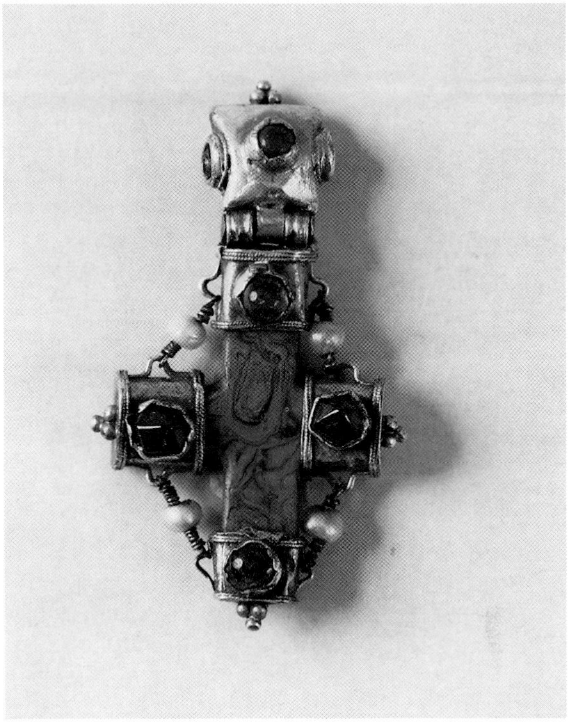

39. PANAGIJA
15. Jh. Griechenland

Holz, Silber, Perlen
10 x 2,3 cm
GIM 103805
NDM 2874/68

Eine verlängerte Formung; in die glatte, silberne Einfassung ist eine Figur der Gottesmutter (des Typs Modenskaja) gesetzt. Das obere Teil der Panagija ist geschmückt mit geschnittenen Darstellungen und Perlen.
Aus dem Neuen Jungfrauen-Kloster in Moskau.

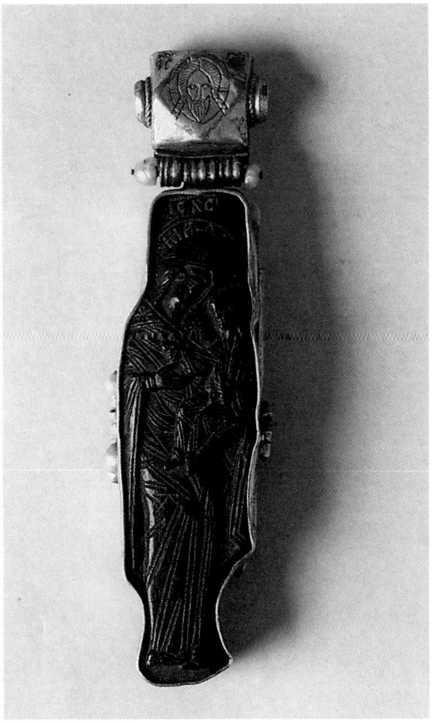

40. PANAGIJA
17. Jh. Velikij Ustjug (Stadt in Nord-Rußland)

Silber, Email, Tempera
6,8 x 5 cm
GIM 103805
NDM 2876/84

Achteckige Form, im Zentrum ist eine malerische Darstellung von Prokopij und Ioann Ustjužskij, die Ränder sind mit Email bedeckt.
Aus dem Neuen Jungfrauen-Kloster in Moskau.

Wundertätiger Prokopij von Velikij Ustjug - gestorben 1303. Ein geborener Waräger, der aufgrund einer Handelsreise nach Novgorod kam, dort wurde er Mönch im Chutynskij-Kloster.
Ioann von Velikij Ustjug - ein „Jurodivyj", gestorben 1494. (Jurodivyj - Narr in Christo; vom Volk verehrte Sonderlinge, sie lebten besitzlos, geistig verwirrt (oder dies vorgebend) am Rande der Gesellschaft; Übers.).

Lit.: 1. Ovsjannikov Ju.M. „Neues Jungfrauen-Kloster."; Moskau, 1968. 2. Cjurik L.V. „Neues Jungfrauen-Kloster."; Moskau, 1974.

41. ALTAR-KREUZ

1641. Rußland

Silber, vergoldet, Ziselierung, Glas
33 x 16 cm
GIM 103805
NDM 3268/2

Das Kreuz hat acht Enden, die Rückseite ist glatt; die Frontseite und die Seiten haben geschnittene Pflanzenornamente und geometrische Ornamente. Auf der Frontseite ist eine Darstellung der Kreuzigung ziseliert, mit Glas an den Enden. Unten befindet sich eine Inschrift: „Dieses heilige und lebensspendende Kreuz legte in das Neue Jungfrauen-Kloster, in die Kathedralen-Kirche der Allreinen Gottesgebärerin, der Bojar Fürst Boris Aleksandrovič Repni, im Jahr 7149 am 25 Tag des Dezembers".
Eine Stiftung des Bojaren B.A. Repnin an das Neue Jungfrauen-Kloster.

42. ALTAR-KREUZ

1703. Rußland

Silber, vergoldet, Gravur, Edelsteine
39 x 20 cm
GIM 103805
NDM 1323/315

Acht Enden – auf der Frontseite befindet sich eine aufgelegte Darstellung (Niello-Verarbeitung) der Kreuzigung und des Adam-Schädels am Fuße des Kreuzes. Das Kreuz ist mit Edelsteinen geschmückt. Auf dem Griff befindet sich eine Inschrift: „Dieses lebensspendende Kreuz ist geschaffen durch die Sorgfalt der Herrscherin, Zarentochter und Großfürstin Nonne Susanna Alekseevna und der Zarentochter und Großfürstin Feodosija Alekseevna, für das Kloster der Allreinen Gottesgebärerin, das Neue Jungfrauen-Kloster unter der Äbtissin Pamfilija, mit ihren Schwestern in Christi, von der Geburt des Sohnes Gottes Jesus Christus 1703 am ersten Tag des Juli". Eine Stiftung von Sofia Alekseevna und der Großfürstin Feodosija Alekseevna an das Neue Jungfrauen-Kloster.

Feodosija Alekseevna (1662 – 1713)- Großfürstin, Tochter des Zaren Aleksej Michailovič.

43. TABERNAKEL (DAROCHRANITEL'NICA)

1698. Rußland

Silber, vergoldet, Guß, Gravur
13 x 20 x 12,5 cm
GIM 103805
NDM 1310/330

Die Form eines Kästchens mit ausgewölbtem Deckel. An den Ecken sind gewundene Säulen, die zu Füßen werden. Auf allen vier Seiten gravierte Darstellungen: Die Reinigung des Tempels; die Opfergabe der Witwe; das Fest Salomons. Auf dem Außenboden eine Inschrift: „Dieser Schrein ist hergestellt für das Haus der Allheiligen Gottesgebärerin von Smolensk, für das Neue Jungfrauen-Kloster, während der Herrschaft des Hochwohlgeboren Zaren und Großfürsten Petr Alekseevič, dem Herrscher über das Große-, Kleine- und Weiße-Rußland, durch die Sorgfalt der Äbtissin Panfilija und den günstigen Rat der Statthalterin Fevronija im Jahr 206 am 26. Tag des Novembers, er wiegt drei Fund und 68 "zolotniki„ (-altruss. Gewicht 4,266 g; Übers.)".
Eine Stiftung der Äbtissin des Neuen Jungfrauen-Klosters (von 1693 – 1701) Pamfilija Potemkina.

44. LEUCHTER (KANDILO)
Ivan Jakovlev
1686. Moskau

Silber, vergoldet, Gravur, Niello
d = 39 cm
GIM 103805
NDM 1319/314

Die Form einer Halbkugel. Der silberne Hintergrund ist mit Blumen-Mustern aus Niello und Ätzungen ornamentiert. Darauf befindet sich ein großes geschnittenes Pflanzen-Ornament. Am oberen Rand ist ein Reif als dreigelappte Zacke gelötet. In drei Kartuschen befinden sich Inschriften: „1. Im Jahre 7194 am 6. November auf Geheiß der großen Regenten und Großfürsten Ioann Alekseevič, Petr Alekseevič und der großen Regentin, frommen Zarentochter und Großfürstin. 2. Von Sofia Alekseevna Alleinherrscher(in) über das gesamte Große- und Kleine- und Weiße-Rußland ist diese Leuchte hergestellt für das Neue Jungfrauen-Kloster. 3. Für die allgemeine (allumfassende) Kirche der Allreinen Herrscherin unserer Gottesgebärerin und zukünftigen Jungfrau Maria der wahren und gesegneten Hodegetria der wundertätigen Ikone von Smolensk."
Eine Stiftung an das Neue Jungfrauen-Kloster von Ioann Alekseevič, Petr Alekseevič und der Zarentochter Sofia.

Ivan Jakovlev – Silberschmied und Meister der Niello-Verarbeitung.

45. WEIHRAUCHGEFÄSS (KADILO)

17. Jh. Rußland

Silber, vergoldet, Ziselierung, Gravur.
h = 26 cm
GIM 103805
NDM 1314/344

Das schalenförmige Unterteil ist mit silbernen und vergoldeten „Löffeln“ bearbeitet, die aufeinanderfolgen. Die obere (umgedrehte) Schale ist verbunden mit einem kugelartigen Kopf, auf dem ein Kreuz ist; der mittlere Teil ist verziert mit einem Fries aus ziselierten Ovalen. Auf dem unteren Rand eine Inschrift: „Gestiftet hat dieses Weihrauchgefäß für die Regentin, für die Geburt Christi, die Witwe (und) Bojarin Stafanida Semenovna Morozova“. Das Wort „Christi“ ist schraffiert und über ihm oval ausgeschnitten – „Gottesgebärerin“. Auf dem Boden des Untergestells befindet sich eine andere Inschrift: „Dieses Weihrauchgefäß gab der Starec Ijasav in das Mariä-Schutz-Kloster der Allreinen Gottesgebärerin seiner Bürgin (Fürsprecherin)“. An den Rändern sind drei Schlaufen befestigt, durch diese sind Ketten durchgezogen.
Eine Stiftung der Bojarin Stefanida Morozova.

Lit.: 1. Ovsjannikov Ju.M. „Neues Jungfrauen-Kloster.“; Moskau, 1968. 2. Trutneva N.F., Švedova M.M. „Neues Jungfrauen-Kloster“; Moskau, 1988.

46. FLACHE LITURGISCHE SCHALE (BLJUDO)

1685. Rußland

Silber, Gravur
d = 36 cm
GIM 103805
NDM 1321/334

Der Boden ist glatt. Auf dem Rand befindet sich, in durchgehendem Muster, auf schraffiertem und graviertem Hintergrund eine Inschrift: „Im Jahre 7193 am 15. Tag des Juni schufen mit Gottes Gunst die großen Regenten, die Zaren und Großfürsten Ioann Alekseevič, Petr Alekseevič, Herrscher über das gesamte Große-, Kleine- und Weiße-Rußland und die Tante der großen Regenten, die Herrscherin, Zarentochter und Großfürstin Tatiana Michajlovna, diese Schale für das Znamenskij-Kloster, der frommen großen Regentin, Zarentochter und Großfürstin Irina Michajlovna zum ewigen Gedenken." Eine Stiftung der Zarensöhne Ivan und Petr Alekseevič und der Zarentochter Ta'jana Michajlovna.

Tat'jana Michajlovna und Irina Michajlovna -Großfürstinnen und Schwestern des Zaren Aleksej Michajlovič.

47. RELIQUIEN-SCHREIN (KOVČEG)
1699. Rußland

Silber, vergoldet, Gravur
20 x 14 x 7 cm
GIM 103805
NDM 3085/108

Der Schrein hat die Form eines Kästchens mit gewundenen Säulen auf Kugel-Füßchen an den Ecken. Auf dem Deckel sind fünf ovale Öffnungen und geschnittene Inschriften: „EFIMIJ VELIKIJ", „FEDOR TIRONI", „PRESVJATOJ IOANN SLATOUST", „FILIPP MITROPOLIT", „SERGIJ RADUNECKOGO" (– Namen). Auf der unteren Seite sind weitere geschnittene Inschriften: „1. 208 MESJACA OKTOBRIJA V 8 DEN' POSTROEN SEJ KOVČEG V DOM PRESVJATYJA BOGORODICY V NOVODEVIČIJ MONASTYR' V POCHVALU I ČEST' EDINOMU VO TROICY SLAVIMOMU BOGU TŠČANIEM ŽE I NELOŽNYM OBEŠČANIEM INOKINI CAREVNY SUSANNY ALEKSEEVNY. 2. VOZOBNOVLEN SEJ KOVČEG TŠČANIEM V BYTNOST' NASTOJATEL'NICY IGUMENII PALLADII DUROVOJ V 1781".
Üb.: „1. 208 am 8. Tag des Monats Oktober wurde dieser Schrein geschaffen für das Haus der Allheiligen Gottesgebärerin, das Neue Jungfrauen-Kloster, zu Ehren und zur Lobpreisung des Einzigen, in der Dreieinigkeit gepriesenen Herrn, durch die Sorgfalt und das erfüllte Gelübde der Nonne Zarentochter Susanna Alekseevna. 2. Erneuert wurde dieser Schrein durch die Sorgfalt der Äbtissin Palladija Durova 1781".
Eine Stiftung der Zarentochter Sofia Alekseevna an das Neue Jungfrauen-Kloster.

Palladija Durova – Äbtissin des Neuen Jungfrauen-Klosters in den Jahren 1772 – 1794.

48. ABENDMAHLSKELCH (POTIR)

1692. Rußland

Silber, Gravur
h = 26,5 cm
GIM 103805
NDM 1318/327

Auf dem Kelch befinden sich auf Silberhintergrund in Kartuschen vergoldete Darstellungen der Deesis und der Kreuzigung, am Rand des Kelches eine Inschrift: „Nehmet den Leib Christi esset die Quelle des Unsterblichen". Auf dem Fuß ist eine birnförmige Wölbung mit der Darstellung der Sonne in Wolken. Der Fuß rundet sich und bildet dabei eine sechsblättrige Rosette, auf jeder der Blätter sind Darstellungen graviert: „Das Abendmahl. 2. Die Fußwaschung. 3. Das Kelchgebet. 4. Der Kuß des Judas. 5. Christus vor Kaiphas. 6. Die Leugnung des Petrus".
Auf dem unteren Rand ist eine Inschrift graviert: „Im Jahre 7200 ist dieser Abendmahlskelch für das Neue Jungfrauen-Kloster hergestellt worden, während der Herrschaft der frommen Regenten, der Zaren und Großfürsten Ioann Alekseevič und Petr Alekseevič, Herrscher über das gesamte Große-, Kleine- und Weiße- Rußland, eine Gabe des Hieromonachos Varfolomej zum ewigen Gedenken für die Kathedral-Kirche."
Eine Stiftung des Hieromonachos Varfolomej an das Neue Jungfrauen-Kloster.

49. ABENDMAHLSKELCH

1695. Rußland.

Silber, vergoldet, Schnitzarbeit
h = 27,8 cm
GIM 103805
NDM 1327/328

Auf dem Kelch sind runde Darstellungen der Deesis und der Kreuzigung auf dem Hintergrund Jerusalems abgebildet. Auf dem oberen Rand ist eine geschnittene Inschrift: „Seinen heiligen Schülern und Aposteln sagte (Er) trinket alle daraus dies ist das Blut des Neuen Testamentes, daß ich für euch und für viele vergossen habe um der Erlösung der Sünden." Auf dem Fuß ist eine birnförmige Wölbung mit Darstellungen von Cherubim. Auf dem breiten, runden Unterbau des Fußes befinden sich sechs geschnittene Darstellungen: 1. Das Kelchgebet. 2. Christus bei Pilatus. 3. Die Geißelung. 4. Die Auflegung des Schlehendorn-Kranzes. 5. Das Anlegen des Purpurmantels. 6. Der Kreuzgang. Auf dem unteren Rand eine Inschrift: „Im Jahre 7203 am 18. Tag des März wurde dieses liturgische Gefäß für die Christi-Verklärungs-Kirche hergestellt, welche im Jungfrauen-Kloster ist".
Eine Stiftung an die Christi-Verklärungs-Kirche des Neuen Jungfrauen-Klosters.

Lit.: Ovsjannikov Ju.M. „Neues Jungfrauen-Kloster.";
Moskau, 1968.

50. LITURGISCHE SCHALE

Ivan Jakovlev.

1687. Moskau

Silber, vergoldet, Niello, Edelsteine
d = 15 cm
GIM 103805
NDM 3278/191

Ein runder Kelch, auf einem glatten, gerade stehenden Untersatz, mit leicht gebogenem Rand. Die gesamte Oberfläche ist vergoldet und auf Niello-Grund ornamentiert. Auf dem Deckel ein ähnliches Ornament; im Zentrum befindet sich ein gegossener doppelköpfiger Adler mit zwei Steinen. Inschriften auf den Kartuschen: „Auf Geheiß der großen Regentin der frommen Zarentochter und Großfürstin Sofia Alekseevna wurde dieser Kelch hergestellt, für die Gemächer der großen Regentin. Im Jahre 7195 am 1. Tag des Monats September".
Aus dem Neuen Jungfrauen-Kloster in Moskau.

Lit.: 1. Ovsjannikov Ju.M. „Neues Jungfrauen-Kloster."; Moskau, 1968. 2. Trutneva N.F., Švedova M.M. „Neues Jungfrauen-Kloster"; Moskau, 1988.

51. TRINKGEFÄSS (STOPA)
Ivan Jakovlev
1687. Moskau

Silber, vergoldet, Niello
d = 17 cm, h = 20 cm
GIM 103805
NDM 3277/190

Zylindrischer Rumpf, schwenkbarer Deckel, ein gebogener Henkel, ein schmaler Untersatz. Die Oberfläche ist vergoldet und auf Niello-Grund (geschnitten) ornamentiert. Inschriften in den Kartuschen: „1. Auf Geheiß der großen Regentin, der frommen Zarentochter und Großfürstin. 2. Sofia Alekseevna Herrscherin über das gesamte Große-, Kleine und Weiße- Rußland. 3. Hergestellt ist dieses Gefäß (Stopa) für die Gemächer der großen Regentin im Jahre 7195".
Aus dem Neuen Jungfrauen-Kloster in Moskau.

Lit.: 1. Ovsjannikov Ju.M. „Neues Jungfrauen-Kloster."; Moskau, 1968. 2. Trutneva N.F., Švedova M.M. „Neues Jungfrauen-Kloster"; Moskau, 1988.

52. VIERECKIGES LITURGISCHES TUCH
(PELENA)
„DREIEINIGKEIT DES ALTEN
TESTAMENTES“

Ende 16. Jh. Rußland

Näharbeit
42 x 36 cm
GIM 103804
NDM 5621/752

Im Mittelteil ist die „Dreieinigkeit des Alten Testamentes“ mit Seide und Goldfäden aufgenäht.
Aus dem Neuen Jungfrauen-Kloster in Moskau.

53. VELUM (POKROVEC) „LAMM GOTTES“

1655. Moskau

Näharbeit, Perlen
48 x 48,5 cm
GIM 103804
NDM 3636/595

Auf dem Mittelteil des karmesinroten Seidengewebes befindet sich eine Christus-Darstellung; auf dem Diskus ist eine bis zum Knie reichende Darstellung von Zebaoth, mit zwei Engeln an den Seiten; genäht mit heller Seide und atlassener Naht. Auf dem Saum des hellblauen Atlasses (Seidegewebe) sind mit Silberfäden liturgische Texte genäht.

54. VELUM „CHRISTUS IM GRABE“

1655. Moskau

Näharbeit, Perlen
79 x 59 cm
GIM 103804
NDM 5625/596

Auf dem Mittelteil des karmesinroten Atlasses ist Christus im Grabe dargestellt, oben zwei Cherubim und zwei Engel, genäht mit heller Seidennaht. Auf dem Saum des hellen Atlasses befindet sich eine liturgische Inschrift aus Silberguß.
Eine Stiftung an das Neue Jungfrauen-Kloster von den Fürsten Goliciny.

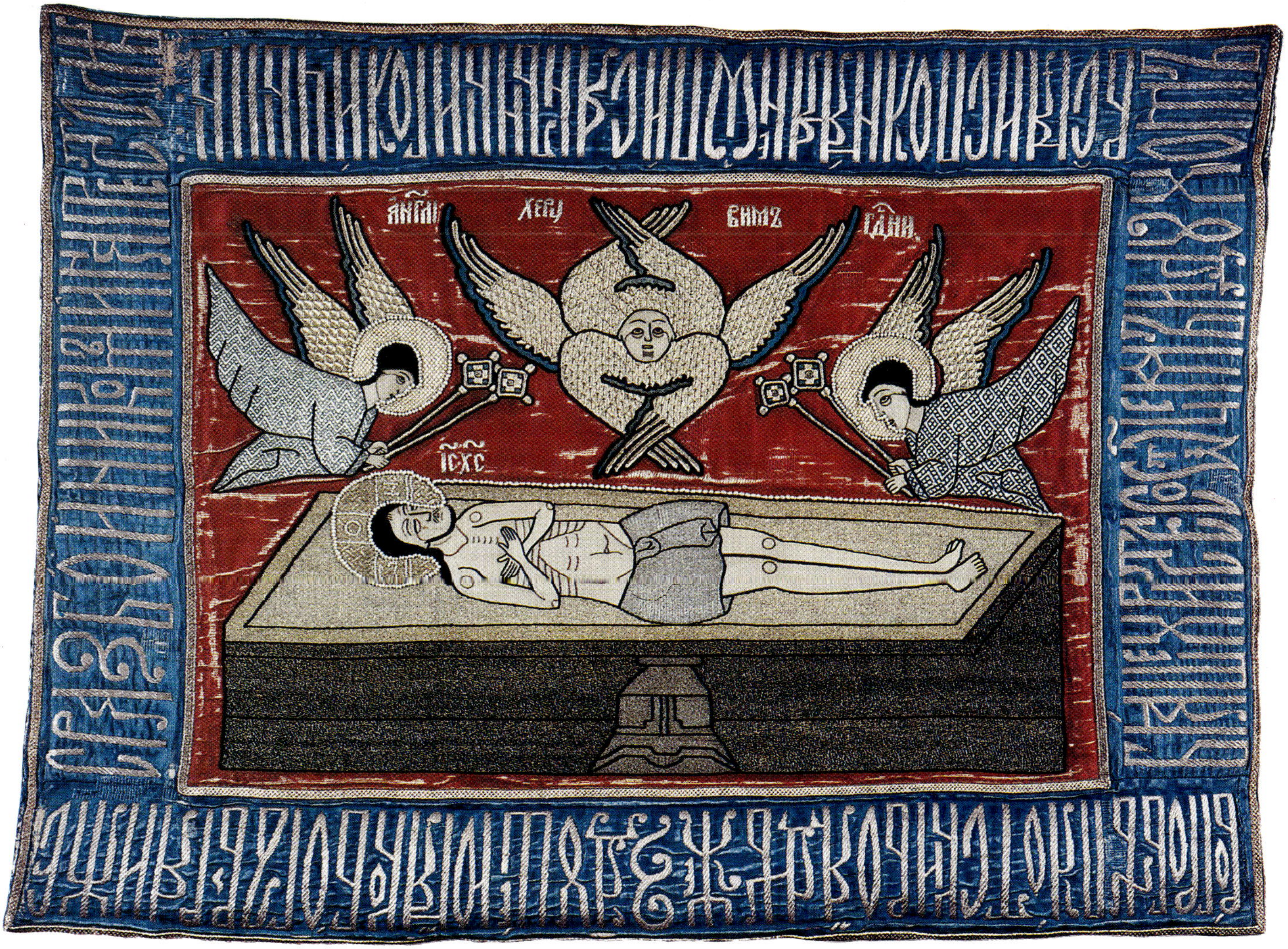

55. VELUM „GOTTESMUTTER ZNAMENIE“

1651. Moskau

Näharbeit
55 x 56 cm
GIM 103804
NDM 1313/595

Auf dem karmesinroten Mittelteil sind Steine und die Darstellung „Znamenie“, umrundet von vier Cherubim; unten eine Inschrift: „Dieses Velum stiftete die Bojarin Katerina Fodorovna Miloslavskij in das Strastnyj-Kloster“. Auf dem Saum aus hellgrünem Seidengewebe befinden sich liturgische Inschriften.

56. VELUM

17. Jh. Rußland

Samt, Perlen
77 x 55 cm
GIM 103804
NDM 3239/739

Auf karmesinrotem Samt befinden sich ornamentartige Näharbeiten mit Perlen, gewundenem Golddraht und Goldfäden. Aus dem Neuen Jungfrauen-Kloster in Moskau.

Lit.: Trutneva N.F., Švedova M.M. „Neues Jungfrauen-Kloster“; Moskau, 1988.

57. KREUZARTIGES VELUM

17. Jh. Rußland

Samt, Perlen
56,5 x 56 cm
GIM 103804
NDM 3229/740

Auf karmesinrotem Samt befinden sich ornamentartige Näharbeiten mit Perlen, gewundenem Golddraht und Goldfäden. Aus dem Neuen Jungfrauen-Kloster in Moskau.

58. KREUZARTIGES VELUM

17. Jh. Rußland

Samt, Perlen
58 x 56 cm
GIM 103804
NDM 3229/741

Auf karmesinrotem Samt befinden sich ornamentartige Näharbeiten mit Perlen, gewundenem Golddraht und Goldfäden. Aus dem Neuen Jungfrauen-Kloster in Moskau.

59. PHELONIUM (PRIESTER-MESSGEWAND)

17.–18. Jh. Rußland

Stoff, Perlen, Edelsteine
146 x 185 cm
GIM 103804
NDM 3242/392

Die Taille und das Gewandende ist aus Brokatstoff; gewebt auf dem Hintergrund von gesponnenem Silber (auf der Zeichnung mit vergoldetem Silber und ungedrehter Seide). Der Schulterbereich aus dunkelkarmesinrotem Samt ist besetzt mit aufgereihten Perlen, das Kreuz ist mit Edelsteinen geschmückt.
Aus dem Neuen Jungfrauen-Kloster in Moskau.

Lit.: Cjurik L.V. „Neues Jungfrauen-Kloster."; Moskau, 1974.

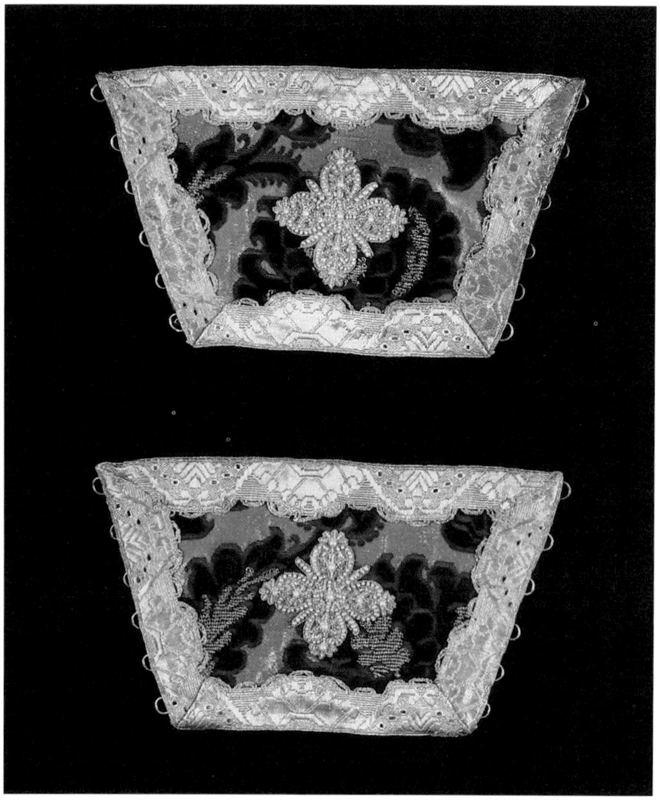

60. LITURGISCHE ARMGEWÄNDER (PORUČI)

17.–18. Jh. Rußland

Samt, Perlen
17 x 29 cm
GIM 103804
NDM 3191a,b/416

Auf karmesinrotem Samt befinden sich Näharbeiten mit vergoldetem Silber und Perlen.
Aus dem Neuen Jungfrauen-Kloster in Moskau.

61. MESSGEWAND

17.–18. Jh. Rußland

Stoff, Perlen
139 x 154 cm
GIM 103804
NDM 3241/393

Die Taille und das Gewandende ist aus Brokatstoff; gewebt auf dem Hintergrund von gesponnenem Silber (auf der Zeichnung mit vergoldetem Silber und ungedrehter Seide). Der Schulterbereich aus dunkelkarmesinrotem Samt ist besetzt mit aufgereihten Perlen.
Aus dem Neuen Jungfrauen-Kloster in Moskau.

62. MITRA

17.–19. Jh. Rußland

Stoff, Papier, Silber, Edelsteine, Glas
h = 21,5 cm
GIM 103804
NDM 3033

Die Mitra ist bezogen mit goldfarbenem Gewebe, mit aufgereihten Perlen und Edelsteinen. Sie ist geschmückt mit 13 silbernen, gravierten Auflagen und einem Reif mit der Inschrift: „Im Januar des Jahres 7192 auf Geheiß der frommen Regenten, der Zaren und Großfürsten Ioann Alekseevič und Petr Alekseevič ... Herrscher Rußlands wurde diese Mütze geschaffen für das Haus der Allheiligen Gottesgebärerin im Znamenskij-Kloster unter dem Archimandrit Evfimii".
Eine Stiftung der Zaren Ivan Alekseevič und Peter Alekseevič an das Znamenskij-Kloster.

63. VIERECKIGES LITURGISCHES LEINENTUCH (PELENA) „DER ABSTIEG IN DIE HÖLLE“

2te Hälfte 17. Jh. Rußland

Näharbeit
48 x 50 cm
GIM 103804
NDM 3833/385

Die Näharbeit ist in gesponnenem, vergoldetem Silber und gedrehter Seide ausgeführt. Die Darstellung ist am Rand ausgeschnitten und auf karmesinroten Stoff gelegt.
Aus dem Neuen Jungfrauen-Kloster in Moskau.

64. GESANGBUCH (IRMOLOGION)

1666. (571 Seiten).

Handschriftliches Gesangbuch
Fünf-Linien-Notierung
In der Handschrift sind zwei Blatt-Miniaturen
31 x 27 cm
GIM 104027 (rkp 123)

Hergestellt in der Schreib-Werkstatt des Neuen Jungfrauen-Klosters.

Lit.: Trutneva N.F., Švedova M.M. „Neues Jungfrauen-Kloster“; Moskau, 1988.

65. SAMMELBAND HEILIGENERZÄHLUNGEN

1683. (351 Seiten)

Handschrift
Enthält 329 Blatt-Miniaturen
33,2 x 21 cm
GIM 104027 / rkp 102

Hergestellt in der Schreib-Werkstatt des Neuen Jungfrauen-Klosters.

66. PLAŠČANICA „DIE GRABLEGUNG“
18. Jh.

Näharbeit, Perlen
174 x 107 cm
GIM 103804
NDM 3333/753

Im Mittelteil ist eine Komposition mehrerer Figuren gestickt „Trauer um Christus“. Als Hintergrund dient blauer Atlas, auf dem Fragmente des ursprünglichen Hintergrundes sichtbar werden – hellblauer Atlas. Im rechten Teil des Mittelteils befindet sich eine Inschrift: „Im Jahre 1721, im März ... des Zaren und Großfürsten Petr Alekseevič Herrscher über das gesamte Rußland ist diese Plaščjanica hergestellt worden, entsprechend einem Gelübde, gestiftet dem Vysokopetrovskij-Kloster von dem Mönch Illarion und seinem Sohn Ivan Ivanovič Buturlin unter dem Archimandrit Iosif“. Eine Stiftung an das Vysokopetrovskij-Kloster.

67. PORTRÄT DER ÄBTISSIN
PALADIJA DUROVA
Unbekannter Künstler.
80er 18. Jh.

Leinwand, Öl
66 x 55 cm
GIM 103803
NDM 5838

Aus dem Neuen Jungfrauen-Kloster in Moskau.

68. PORTRÄT DER ZARENTOCHTER SOFIA, IN KAISERLICHEN GEWÄNDERN AUF DEM HINTERGRUND DES DOPPELKÖPFIGEN ADLERS

Ende 17. Jh.

Leinwand, Öl
59 x 49 cm
GIM 103803
NDM 6077

Aus dem Neuen Jungfrauen-Kloster in Moskau.

Lit.: Ovsjannikova E.S. „Das Porträt in der russischen Kunst des 17. Jhs.“; Moskau, 1955.

69. PORTRÄT PETER I.
Unbekannter Künstler
19. Jh.

Leinwand, Öl
72 x 57 cm
GIM 103803
NDM 1151/1361

Aus dem Neuen Jungfrauen-Kloster in Moskau.

70. PORTRÄT
VON EVDOKIJA LOPUCHINA
Unbekannter Künstler
18. Jh.

Leinwand, Öl
89 x 71 cm
GIM 103803
NDM 3307

Aus dem Neuen Jungfrauen-Kloster in Moskau.

Lit.: Antušev N. „Historische Beschreibung des Neuen Jungfrauen-Klosters"; Moskau, 1885.

ЦАРИЦА ЕВДОКИЯ ѲЕОДОРОВНА ВМОНАШИНЯХЪ ЖЕНА ПЕТРА ПЕРВАГО

71. PORTRÄT
„ZAR ALEKSEJ MICHAJLOVIČ"
Unbekannter Künstler
Mitte 18. Jh.

Leinwand, Öl.
101 x 75 cm
GIM 28130
I1 – 4211

ЦРЬ
МИХАИЛОВИЧЬ

72. PORTRÄT „ZAR BORIS GODUNOV“
Unbekannter Künstler
Ende 19. Jh.

Leinwand, Öl
85 x 71 cm
GIM 103803
NDM 1370

Aus der Stroganovskij-Schule

73. MODELL (NACHBILDUNG)
„NEUES JUNGFRAUEN-KLOSTER"
Leningrader Werkstatt
„Rosmonumentiskusstvo"
1981

Holz, Kunststoff, Papier
M 1:100, 2,5 x 2
NV – 3017

HISTORISCHE PERSÖNLICHKEITEN

Aleksej Michajlovič, – geboren am 19. März 1629, gestorben am 29. Januar 1676. Russischer Zar ab 1645, Sohn des Michail Fedorovič Romanov. Seiner Jugend wegen widmete er sich anfangs kaum den Staatsgeschäften, diese wurden faktisch von dem Bojaren B.N. Morozov, dem Erzieher des Zaren, gelenkt. Die Politik der Regierung erzeugte eine zunehmende finanzielle Unterdrückung und Zuspitzung der Klassengegensätze. Es fanden Aufstände statt: in Moskau 1648, in Novgorod und Pskov 1650. Der in dieser Situation berufene „Zemskij sobor" verabschiedete 1649 ein neues Gesetzbuch („uloženie"), welches den Forderungen des Adels entgegenkam. Die Innenpolitik der Herrschaft von Aleksej Michajlovič kennzeichnete die verstärkte feudale Ausbeutung. Im ökonomischen Bereich unterstützte die Regierung die industrielle Tätigkeit, begünstigte die heimischen Kaufleute, indem sie diese vor der ausländischen Konkurrenz schützte.
Im Gegensatz zu seinem Vater nahm Aleksej Michajlovič großen Anteil an der Staatsführung. Die von ihm geschaffene Geheim-Behörde („Prikaz tainych del") (1654-76) unterstand unmittelbar dem Zaren und verwirklichte die Kontrolle der Regierungsbehörden. Aleksej Michailovič war ein, seiner Zeit entsprechend, gebildeter Mensch. Er las Bittschriften und andere Unterlagen selbst, verfaßte und redigierte wichtige Erlasse und unterschrieb, als erster russischer Zar, diese Erlasse eigenhändig.
Aleksej Michajlovič betrieb eine rege Außenpolitik, die zufolge hatte, daß der russische Staat deutlich an Bedeutung gewann. Er selbst führte die Verhandlungen mit Schweden, Polen u.a. und verstärkte die Kontrolle der Tätigkeit russischer Botschafter. Er nahm an dem Feldzug auf Smolensk (1654), auf Vilna (1655) und Riga (1656) teil. Die größte außenpolitische Errungenschaft der Regierung von Aleksej Michajlovič war die Wiedervereinigung der Ukraine mit Rußland (1654), die sich infolge des Krieges zwischen Rußland und Polen (1654-1667) festigte.
Aleksej Michajlovič war zweimal verheiratet: mit Marija Il'iničina Miloslavskaja (1648) und mit Natalia Kirillovna Naryškina (1671). Aus erster Ehe stammten die zukünftigen Zaren Fedor, Ivan und die Zarentochter Sofia, aus zweiter Ehe – Peter I..

Boris Godunov, – geboren um 1552, gestorben am 13. April des Jahres 1605; russischer Zar in den Jahren 1598 – 1605. Er stammte aus dem berühmten Geschlecht der Godunovs. Erstmalig wurde Boris Godunov 1567 als Mitglied des Opričnyj-Hofes erwähnt. Die Erhöhung seiner politischen Stellung ergab sich durch die Vermählung mit der Tochter von Maljuta Skuratov und der Heirat des Zarensohnes Fedor mit seiner Schwester Irina (1574). Während dem Ende der Herrschaft Ivans des Schrecklichen gelang es Godunov, eine große Laufbahn am Hofe zu machen, 1580 wurde er Bojar. Mit der Übernahme der Zarenmacht durch Fedor, wird Godunov einer der wichtigsten Regierungsmitglieder und ab 1587, der einzige Regegent des Staates. Nach dem Tode Fedors, der keine Nachkommen hinterließ, wurde Godunov, am 17. Februar 1598, auf dem „Zemskij-Sobor" (einer regierungsbildenden Versammlung) zum Zaren gewählt.
Dem Urteil der Zeitgenossen zufolge besaß Boris Godunov herausragende Fähigkeiten der Staatsführung, er führte persönlich diplomatische Verhandlungen, war seiner Zeit entsprechend ein aufgeklärter Mensch, gab seinem Sohn eine gute Bildung und ermöglichte russischen Jugendlichen das Studium im Ausland.
Außenpolitisch gelang es Godunov die Folgen der Livonsker-Kriege etwas zu mildern; er festigte wesentlich die russischen Stellungen im Nord-Kaukasus, in Transkaukasien und in den Gebieten östlich der Wolga. Innenpolitisch versuchte er den wirtschaftlichen Ruin zu überwinden, er setzte sich für die Konsolidierung der herrschenden Klasse ein, indem er besonders auf die Interessen des Adels und teilweise auf die Forderungen der oberen Schicht der Kauflaute einging.
Die Klassenunterschiede, die sich infolge des Massenhungers 1601 – 03 zuspitzten, führten zu einem Bauernkrieg. Der Mißmut der Volksmassen war so stark, daß diese Lžedmitrij I. (Pseudo-Dmitrij) folgten, welcher Boris Godunov den Krieg erklärte. Auf dem Höhepunkt der militärischen Auseinandersetzung starb Zar Godunov. Nachdem Lžedmitrij Moskau besetzt hatte, wurde die Witwe Godunov und ihr Sohn Fedor getötet. Boris Godunov ist im Dreieinigkeit-Sergius-Kloster bestattet.

Chitrovo Bogdan Matveevič, – geboren um 1615, gestorben 1680. Engster Vertrauter (und Bojar) des Zaren Aleksej Michajlovič. Im Jahre 1648 wurde er vom Zaren beauftragt, „neue Städte zu bauen". Bis 1653 leitete er den „Zemskij Prikaz", danach den „Čelobitnyj Prikaz" (eine Instanz die die Klagen von Geistlichen, Richtern u.a. untersuchte; Übers.), nahm teil an dem Krieg mit Schweden. Im Jahre 1664 wurde er zum Verwalter des Großen Hofes, der Gold- und Silberkammer befördert. 1667 zum Bojaren ernannt, wurde Chitrovo der engste Vertraute von Aleksej Michajlovič. Er versuchte das künstlerische Niveu der Erzeugnisse angewandter Kunst, die die Kunstwerkstätten verließen, zu steigern und wählte sorgfältig Meister aus. Er ist in der Totengruft der Smolensker Kathedrale des Neuen Jungfrauen-Klosters bestattet.

Evdokija Fedorovna, (1669 – 1731) – Tochter des Bojaren F. A. Lopuchin. Erste Frau Peters I. (ab 1689), Mutter des Zarensohnes Aleksej. Sie stand auf der Gegenseite Peters I. Im Jahre 1698 wurde sie in das Suzal'-Pokrovskij-Kloster verbannt, dort erhielt sie, unter dem Namen Elena, die Nonnen-Weihen. Später wurde sie in das Uspenskij-Kloster von

Ladoga gebracht, daraufhin nach Šlisselburg. Im Jahre 1727 kehrte Evdokija Fedorovna unter Peter II. nach Moskau zurück. Sie ist gestorben und bestattet in der Smolensker Kathedrale des Neuen Jungfrauen-Klosters.

Fedor Alekseevič, – geboren am 30. Mai 1661, gestorben am 27. April 1682 – russischer Zar ab 29. Januar 1676, Sohn von Aleksej Michajlovič und Marija Il'inična Miloslavskaja. Die Regentschaft von Fedor Alekseevič ist gekennzeichnet von Machtkampf und der wechselseitigen Ablösung verschiedener Parteien (die Verdrängung der Nariškiny, die Heraufsetzung der Miloslavsikij). Die Regierung von Fedor Alekseevič unternahm einige Versuche, Reformen zu verwirklichen. Dies bewirkte eine Zuspitzung der Widersprüche bei den oberen und Unzufriedenheit bei den unteren Ständen, was 1682 zu einem Aufstand in Moskau führte. Im Bereich der Außenpolitik bereitete die Regierung von Fedor Alekseevič den Krieg mit Schweden vor, dessen Anlaß die Frage der baltischen Gebiete war.
Fedor Alekseevič war ein hochgebildeter Mann, er beherrschte das Altgriechische und Polnische. Sein Lehrer war Simeon Polockij. Fedor Alekseevič war einer der Gründer der Slawisch-griechisch-lateinischen Akademie.

Fedor Ivanovič, – geboren am 31. Mai 1557, gestorben am 6. Januar 1598 – russischer Zar ab 19. März 1584, letzter Vertreter der Dynastie Rjurik. Zweiter Sohn Ivan IV. des Schrecklichen und Anastasija Romanova. Seine Rolle als Regent war unbedeutend. Bekannt ist seine Schirmherrschaft vieler Klöster und großzügige Stiftungen an diese. Charakteristisch für die Zeit seiner Regentschaft ist das langsame Aufleben der Wirtschaft, die Bewältigung der folgenschweren sog. Krise der 70–80er Jahre und der mißlungene Livonsker-Krieg 1558–1583. Die ersten Jahre seiner Regentschaft waren begleitet von erbitterten Auseinandersetzungen im Hofe, 1587 erlangte der Bruder seiner Frau den Thron, „Diener und Stall-Bojar" Boris Godunov. In den Jahren der Regentschaft von Fedor Ivanovič verdichtete sich ein kompliziertes Geflecht der Klassengegensätze und der weltpolitischen Widersprüche, beide Faktoren waren für den Bauernkrieg Anfang des 17. Jhs. und die polnisch-schwedische Intervention in Rußland verantwortlich.

Golicyny, – Fürstengeschlecht, es geht zurück auf den litauischen Großfürsten Gedemin, sein Sohn Gleb wurde Fürst von Novgorod und Ladoga.

Golovin P. A., – Feldherr, die Goloviny stammen aus einem gräflichen und höfischem Geschlecht. Der erste Vertreter war Sohn der Fürsten Stepan Vasilevič Chavra, griechischer Herkunft, welcher im Jahre 1393 von der Krim nach Moskau umsiedelte.

Ivan (Ioann) Alekseevič, – Zar und Großfürst, geboren am 27. August 1666, Sohn des Zaren Aleksej Michailovič und seiner ersten Frau Miloslavskaja. Ivan Alekseevič war ein schwacher und kränkelnder Mann, nach dem Tode von Fedor Alekseevič (1682) umgingen die Gefolgsleute um Naryškin den legitimen Thronfolger und versuchten, Peter zum Zaren zu ernennen. Unter dem Einfluß von Gerüchten, die Naryškiny hätten Ivan Alekseevič getötet, begann die Rebellion der Strel'cy, mit der Forderung Ivan Alekseevič zum Zaren zu ernennen. Am 26. Mai 1682 gab die Duma bekannt, daß Ivan Alekseevič der erste, Peter Alekseevič der zweite Zar sei. Im Jahre 1689 wurde der Name Ivans zum Banner gegen die Gefolgsleute Peters. Unter Sofias und ebenso unter Peters Führung, enthielt sich Ivan Alekseevič jeglicher Beteiligung an Regierungsgeschäften und verbrachte die Zeit „in ständigem Gebet und strengem Fasten". Mit 27 Jahren war er gebrechlich, sah schlecht und war, Zeitzeugen zufolge, querschittsgelähmt. Am 29. Januar 1696 starb er plötzlich.

Ivan Ivanovič, – Sohn von Ivan IV. (des Schrecklichen) und Anastasija Romanovna Zachar'ina, geboren 1554. Begleitete den Vater auf Feldzügen, nahm Anteil an der Regierung, hatte aber keine politische Bedeutung. Vom Vater getötet in der Vorstadtsiedlung (sloboda) Aleksandrovskaja, am 19. November 1582.

Ivan IV. der Schreckliche, – Ivan Vasil'evič, Zar und Großfürst, Sohn des Großfürsten Visilij Ivanovič und dessen zweiter Frau Elena Glinskaja. Geboren am 25. August 1530, gestorben am 16. März 1584. Ab 1523 Großfürst, ab 1547 Zar und großer Staatsmann. Beim Tod des Vaters ist Ivan IV. 3 Jahre, beim Tod der Mutter 7 Jahre alt. Der Charakter Ivan IV. bildete sich während der Bojaren-Regierung (1538–48), diese Zeit war begleitet von Günstlingswirtschaft, dem Machtkampf zwischen den Familien Šujskij und Bel'skij, Intrigen und Mord; schon zu dieser Zeit ging Ivan IV. mit Feinden in seiner Umgebung rücksichtslos um. Im Jahre 1547 heiratet er Anastasija Romanovna Zachar'ina. Später heiratete er noch sechsmal. Ivan IV. hatte 5 Söhne und 3 Töchter. Mit Ausnahme von drei Kindern starben alle im Säuglingsalter. Die Regierungsbeteiligung Ivans IV. beginnt mit der Entstehung der „Gewählten Rates" (Izbranaja Rada). Die ihrer Zusammensetzung nach heterogene Regierung strebte eine Selbstherrschaft und die Zentralisierung des Staates an. Um dieser Ziele willen wurden 1549-60 Reformen durchgeführt, die den Interessen aller Feudalherren entsprechen sollten und einen Kompromiß darstellten, sowohl für den Adelsstand wie für die Feudalherren.
Die Teilnahme Ivans IV. an den Regierungsgeschäften steigerte sich erheblich nach dem Fall des „Gewählten Rates". Er selbst verfolgte weiterhin die Politik Ivans III. und seines Vaters Vasilij III., indem er sich auf den Adelsstand und auf die oberen Vertreter der Stadt stützte. Der wesentliche

Inhalt seiner Außenpolitik war die Eroberung und Erweiterung von Territorien im Osten und die Eroberung der baltischen Küsten im Westen. Der Kampf mit den Überresten der feudalen Zersplitterung im Land wurde verstärkt, Hinrichtungen und Verbannungen wurden zu Mitteln der Abrechnung mit politischen Feinden.
Das Volk gab Ivan IV. den Beinamen „der Schreckliche“ (Groznyj), welcher die Vorstellung eines mächtigen Herrschers vermittelt, aber auch eines Tyrannen und Despoten. In den Absichten und Handlungen Ivans IV. waren gleichermaßen Voraussicht, Energie und Zielstrebigkeit, nicht selten impulsive Ausbrüche, Zögerlichkeit und verbrecherische Fehltritte erkennbar. Er nahm persönlich an Folterungen und Hinrichtungen teil. Sein rachsüchtiger, mißtrauischer Charakter nahm mit den Jahren übermäßige Formen an. Dies äußerte sich in zunehmender Verfolgung, sadistischen Neigungen und jähzornigen Ausbrüchen (infolge eines solchen Ausbruchs tötete er seinen Sohn).

Jurij Ivanovič, – Sohn des Moskauer Großfürsten Ivan III., er war Lehnsfürst von Dmitrovsk. Im Jahre 1533 wurde er zu Kerkerhaft verurteilt, wo er starb.

Jurij Vasil'evič, – jüngerer Bruder Ivan des Schrecklichen.

Miloslavskaja, – Ekaterina Fedorovna. Das Adelsgeschlecht der Miloslavskij geht auf den litauischen Übersiedler Vjačeslav Sigismundovič zurück, der mit dem Gefolge von Sofia Vitovtovna, der Braut des Großfürsten Vasilij Dmitrievič, 1390 nach Moskau zog. Das Adelsgeschlecht gewann durch die Heirat von Marija Il'inicna Miloslavskaja mit dem Zaren Aleksej Michailovič an Bedeutung.

Peter I., – geboren am 30. Mai 1672, gestorben im Januar 1725, russischer Zar ab 1682, ab 1721 – Imperator. Der jüngste Sohn des Zaren Aleksej Michajlovič aus zweiter Ehe mit N. K. Naryškina. Nach dem Tode des Zaren Fedor Alekseevič (1682) wurde er Zeuge des Aufstandes der Strel'cy, welchen die Miloslavskij-Familie (Verwandte der ersten Frau von Aleksej Michajlovič) benutzten, um die Naryškin-Familie zu stürzten. Regentin unter Peter I. und seinem Bruder Ivan V. wurde die Zarentochter Sofia Alekseevna, Tochter von Aleksej Michajlovič und M.I. Miloslavskaja. Der körperlich starke, lebendige und feinfühlige Junge bekam unter der Anleitung von Nikita Zotov die für die Zeit übliche „grammatische“ Bildung. Sehr früh erwachte in ihm die Leidenschaft für kämpferisches Spiel, für Seefahrerei und Schiffsbau. Mit Hilfe höfischer Meister erlernte er manches Handwerk. Eine besondere Rolle spielten bei seiner charakterlichen Bildung kriegerische Spiele (russ. „potechi“), dazu wurden „Spiel-Abteilungen“ geschaffen, die später Garde und Kern der regulären Armee wurden. Bedeutenden Einfluß auf die Interessen und Ansichten Peters I. übten Ausländer aus. Schon in jungen Jahren lernte er die deutsche, danach die holländische, englische und französische Sprache. Im Laufe seines Lebens versuchte er seine Kenntnisse zu vervollständigen und widmete dem Militärischen besondere Aufmerksamkeit.
In der 2ten Hälfte der 80er Jahre begann der Konflikt mit Sofia, die Alleinherrschaft anstrebte. Im August 1689, nach dem Erhalt der Nachricht über die Vorbereitung eines Umsturzes, begab sich Peter I. eilends in das Dreieinigkeits-Sergius-Kloster, wo sich getreue Truppen und seine Anhänger versammelten. Sofia wurde ihres Amtes enthoben und im Neuen Jungfrauenkloster gefangen gehalten, ihre Gefolgsleute wurden verbannt oder hingerichtet. Nach dem Tode von Ivan Alekseevič (1696) wurde Peter I. alleinherrschender Zar.
Während seiner Regentschaft zeigte Peter I. tiefes Verständnis für die Probleme, vor denen Rußland stand und verwirklichte große Reformen, die darauf gerichtet waren, Rußlands Rückständigkeit gegenüber westlichen Ländern zu überwinden und die gewaltigen Naturschätze zu nützen, bei gleichzeitiger Wahrung und Festigung der feudal-leibeigenen Staatsform. Die Reformen Peters I. waren ein historisch gesetzmäßiges Ereignis, sie gingen der inneren Entwicklung Rußlands voraus und verschärften am Ende des 17. Jhs. die Klassengegensätze und ebenso die weltpolitische Situation. Charakteristische Züge Peters I. waren Verstand, Wille, Energie, Weitsicht, Zielstrebigkeit, Wissensdrang und große Arbeitsfähigkeit. Gleichzeitig war er jähzornig und grausam, er achtete nicht das Interesse und Leben einer einzelnen Person und schreckte nicht davor zurück seinen Sohn Aleksej zum Tode zu verurteilen (1718). Mit seinem zwiespältigen Wesen ging Peter I. in die russische Geschichte ein, als fortschrittlicher Staatsmann und Feldherr.
Peter I. war zweimal verheiratet: Mit Evdokija Fedorovna Lopuchina (1689), sie wurde in ein Kloster verbannt und war die Mutter des Zarensohnes Aleksej. Im Jahre 1703 heiratete er die livländische Bäuerin Marta Skavronskaja, die 1724 zur Imperatorin (Ekaterina I.) gekrönt wurde. Sie gebar acht Kinder, von denen, bis auf zwei, Anna und Elisaveta, alle im Säuglingsalter starben.

Repnin Boris Aleksandrovič, – gestorben am 17. Mai 1670. Russischer Fürst, Staatsmann und Feldherr, Bojar (seit 1639). In den Jahren 1638-42 leitete er die Behörde/das Amt (russ. „Prikaz“) für Ikonen, Gold, Silber und die Rüstkammer.

Sofia Alekseevna, – geboren 1657, gestorben im Jahre 1704. Zarentochter und Großfürstin, dritte Tochter des Zaren Aleksej Michajlovič, aus erster Ehe mit M.I. Miloslavskaja. Die Zarentochter lernte bei dem herausragenden Aufklärer und Dichter Simeon Polockij. Sie vervollkommnete ihre Fähigkeiten durch die Beherrschung der Logik und Rhetorik, ferner widmete sie sich literarischem Schaffen.

Nach dem Tode des Bruders, des Zaren Fedor Alekseevič (1682), beteiligte sich Sofia an dem höfischen Parteienkampf, da sie unzufrieden war, mit der Wahl des 10-jährigen Peters zum Zaren. Die Seite der Miloslavskijs übernahm die Macht, indem sie den Strel'cy-Aufstand 1682 für sich nutzte. Sie erklärte den älteren Zarensohn Ivan zum „ersten Zaren“, der Bruder Peter galt als der „zweite Zar“. Die Zarentochter Sofia wurde zur Regentin erklärt, die die Regierung bildete, indem sie sich auf V.V. Golicyn, F. L. Šaklovitov u.a. stützte. In den Jahren der Regentschaft Sofias wurden den Kaufleuten Zugeständnisse gemacht und die Verfolgung entlaufener Leibeigener wurde weniger streng betrieben, was den Unmut des Adels hervorrief. Im Bereich der Außenpolitik wurden zahlreiche Erfolge erzielt.
Die persönliche Macht Sofias hatte niemals absoluten Anspruch. Für die Festigung ihrer Macht bereitete sich die Zarentochter Sofia, nach Angaben von Zeitzeugen, in den Jahren 1687–1689 auf die Thronfolge vor. Aber im Jahre 1689 siegte die Seite Peters I. und Sofia wurde in dem Neuen Jungfrauen-Kloster gefangengehalten. Während den Strel'cy-Aufständen versuchten ihre Anhänger sie als Zarin „auszurufen“. Nach der Niederschlagung des Aufstandes wurde Sofia im Neuen Jungfrauen-Kloster zur Nonne geweiht, wo sie 1704 starb.
Ein Widersacher Sofias beschrieb sie als eine Frau „mit großem Verstand und feinfühligstem Scharfsinn. Eine durch viel männlichen Verstand erfüllte Jungfrau“.

Ul'jana Udel'naja, – Ehefrau des Jurij Vasil'evič, Tochter des Fürsten Dmitrij Paleckij. Nach dem Tode des Mannes wurde sie 1564 unter dem Namen Aleksandra im Neuen Jungfrauen-Kloster zur Nonne geweiht.

Vasilij III. Ivanovič, – ist 1479 geboren und im Jahre 1533 gestorben. Ein Moskauer Großfürst ab 1505; Sohn von Ivan III. und Sofia Paleolog. Wie sein Vater setzte er sich energisch für die Zentralisierung des Staates ein: Unter seiner Herrschaft wurden die letzten, halb eigenständigen, russischen Länder eingegliedert. In der innenpolitischen Auseinandersetzung stützte sich Vasilij III. zuvorderst auf die Kirche. Während seiner Regentschaft wuchs der Grundbesitz des Adels; es wurden Maßnahmen ergriffen, um die politischen Privilegien der Fürsten und Bojaren zu begrenzen. Außenpolitisch setzte sich Vasilij III. für die Wiedereingliederung russischer Gebiete im Westen und Süd-Westen ein und kämpfte ebenso gegen die Krim- und Kazan'-Khanate. Infolge des litauisch-russischen Krieges (1507–08 und 1512–22) wurde die Stadt Smolensk (1514) in den Verbund Rußlands zurückgeführt. Unter Vasilij III. wurden Beziehungen mit Frankreich, Indien u. a. aufgenommen; die gesamtrussische Kultur erlebte eine große Entwicklung.

BIBLIOGRAPHIE

T. V. Nikolaeva
„Kleine Plastiken des 13. - 18. Jahr-hunderts in der Sammlung des Museums von Zagorsk“; Katalog. Zagorsk, 1960.

M. M. Postnikova-Loseva
„Russische Juwelierkunst: Die Zentren und Meister im 16. - 19. Jahrhundert“; Moskau, 1974.

V. I. Antonova, N. E. Mneva
„Altrussische Malerei“; Katalog, 1 - 2. Bd.; Moskau, 1966.

T. Manuchina
„Die Nähkunst der alten Rus' in der Sammlung des Museums von Zagorsk“; Moskau, 1983.

D. K. Trenev
„Die Ikonostase der Smolensker Kathedrale“; Moskau, 1902.

V. G. Brjusova
„Fedor Zubov“; Moskau, 1985.

LITERATURVERZEICHNIS

Solov'ev S. M., „Istorija Rossii s drevnejšich vremen". St. Petersburg izd. 3; kn. I, t.5 ; kn. II, t.6-10 ; kn. III, tt. XI-XV.
(Titel-Üb.: „Geschichte Rußlands von den ältesten Zeiten an").

„Istorija Moskvy", t.2 ; Moskau, 1953.
(„Die Geschichte Moskaus").

Platonov S. F., „Boris Godunov" ; Petrograd, 1921.

Skrynnikov P. G., „Boris Godunov" ; Moskau, 1978.

„Cerkov' v istorii Rossii" ; Moskau, 1967.
(„Die Kirche in der Geschichte Rußlands")

Zimin A. A., „Rossija na poroge novogo vremeni"; Moskau, 1972.
(„Rußland auf der Schwelle zur Neuzeit").

„Istorija russkogo iskusstva", tt. 3/4 ; Moskau, 1959.
(„Die Geschichte der russischen Kunst").

Mneva N. E., „Iskusstvo moskovskoj Rusi" ; Moskau, 1965.
(„Die Geschichte der Moskauer Rus'").

Antušev I. A., „Istoričeskoe opisanie moskovskogo Novodevič'ego monastyrja" ; Moskau, 1885.
(„Eine historische Beschreibung des Moskauer Neuen Jungfrauen-Klosters").

Retkovskaja L. S., „Smolenskij sobor Novodevičego monastyrja"; Moskau, 1954.
(„Die Smolensker Kathedrale des Neuen Jungfrauen-Klosters").

Retkovskaja L. S., „Putevoditel' po Novodevič'emu monastyrju"; Moskau, 1956. („Eine Führung durch das Neue Jungfrauen-Kloster").

Blasjuk A. I., „Novodevičij monastyr'" ; Moskau, 1958.
(„Neues Jungfrauen-Kloster").

Ovsjannikov Ju. M., „Novodevičij monastyr'" ; Moskau, 1968.
(„Neues Jungfrauen-Kloster").

Pjurik L. V., „Novodevičij monastyr'" ; Moskau, 1970.
(„Neues Jungfrauen-Kloster").

Maškov I. P., „Architektura Novodevič'ego monastyrja v Moskve"; Moskau, 1949.
(„Die Architektur des Neuen Jungfrauen-Klosters in Moskau").

Trenev D. K., „Ikonostas Smolenskogo sobora moskovskogo Novodevič'ego monastyrja" ; Moskau, 1902.
(„Die Ikonostase der Smolensker Kathedrale des Neuen Jungfrauen-Klosters").

„Očerki russkoj kul'tury XVI v."; c.2.; Moskau, 1977.
(„Studien zur russischen Kultur des 16. Jh.").

Sobolev N. N., „Russkaja narodnaja rez'ba po derevu"; Moskau-Leningrad, 1934.
(„Die heimische russische Holzschnitzerei").

Postnikova-Loseva M. M., „Russkoe zolotoe i serebrjanoe delo XV-XX vv." ; Moskau, 1967.
(„Russische Gold- und Silberschmiede der 15.-20. Jahrhunderte").

Jakunina L. I., „Russkoe šit'e žemčugom"; Moskau, 1955.
(„Russische Näharbeit mit Perlen").

Klein, „Inozemnye tkani, bytovavšye v Rossii do XVIII v. Novodevičij monastyr'" ; Moskau, 1988.
(„Ausländische Stoffe, angetroffen in Rußland vor dem 13. Jh. Neues Jungfrauen-Kloster").

(Anmerkung: izd. = Ausgabe; kn. = Buch; t. (tt.) = Bd.; č = Teil)

GLOSSAR

Akathistos-Hymnos, (griech. = nichtsitzend) Lobpreisung der Gottesmutter in 24 Strophen, die der Reihe nach mit den 24 Buchstaben des griechischen Alphabets beginnen. Der Hymnos wird im Stehen gesungen. Gedichtet wurde der Hymnos wahrscheinlich von Romanos Melodos im 6. Jh. Der Hymnos wurde bildhaft in der orthodoxen Ikonen- und Monumentalmalerei dargestellt.

Anastasis, (griech. = Auferstehung) Das Osterbild der orthodoxen Kirche zeigt den Abstieg Christi in das Reich des Todes, den Hades, zur Erlösung der Ureltern Adam und Eva sowie der Gerechten des Alten Bundes, wie David, Salomon, usw.

Basma, Ikonenbeschlag aus Metall, der nur den Rahmen der Ikone bedeckt, im Unterschied zum Oklad oder Risa.

Blacherne(o)tissa, (griech.) Gottesmutterbild, genannt nach der Marienkirche im Blachernen-Viertel in Konstantinopel. Es zeigt die Gottesmutter in der antiken Gebetshaltung als *Orans* ohne Kind. Sie wurde auch als „Unerschütterliche Mauer" bezeichnet, weil sie zur Aufgabe der Belagerung der Hauptstadt durch die Russen 860 beigetragen haben soll. In derselben Kirche befand sich ein Marmorrelief vom gleichen Marientypus, aus dessen durchbohrten Händen Wasser in ein Becken floß, in dem einmal jährlich der Kaiser ein zeremonielles Bad nahm.

Bogoljubskaja, (russ.) Gottesmutterbild, benannt nach dem Ort Bogoljubovo, an dem dem Fürsten Andrej Bogolubskij (um 1111–1174) die Gottesmutter erschien und ihn anwies, die Ikone mit ihrem Bildnis, die Bogoljubskij mit sich führte, nach Vladimir zu bringen (Vladimirskaja).

Byzanz, (griech.) Mit dem Begriff Byzanz wird in der Geschichts- und Kunstwissenschaft das Gebiet des Oströmischen Reiches bezeichnet, das mit der Reichsteilung 395 begann und 1453 von den Osmanen zerstört wurde. Byzantion war der ursprüngliche Name der Stadt Konstantinopel, die von Konstantin d. Gr. 330 zur Reichshauptstadt geweiht wurde.

Čaša vodosvjatnaja, Weihwasser-Gefäß.

Čern', Niello. Eine Technik der Edelmetallverarbeitung. Eine schwefelhaltige, geschmolzene Substanz wird in die tief ausgeschnittene Zeichnung gegossen.

Chorugv', Eine Ikone als Prozessionsfahne.

Darochranitel'nica, Ein Schrein für die hl. Sakramente, bestimmt für die Aufbewahrung im Altarraum.

Deesis, (griech. = Bitte, Gebet) In der orthodoxen Kunst häufig verwendete Komposition mit Christus in der Mitte zwischen Maria und Johannes d. T., die in Gebetshaltung dargestellt sind und zum Weltenherrscher um Gnade für die sündige Menschheit beten. Die Deesis war ursprünglich eine selbständige Komposition, wurde aber zum Mittelpunkt der Darstellung des Jüngsten Gerichts. Auf den *Ikonostasen* nimmt sie einen hohen Rang ein, meist in die Mitte unten plaziert, und kann durch Apostel und Erzengel erweitert werden.

Deržava, Das Zeichen kaiserlicher Macht; die Form einer Kugel, gekrönt durch ein Kreuz.

Drobnica, Ein kleines silbernes oder goldenes Plättchen, rund oder rechteckig, mit Öffnungen an den Enden. Oft mit Edelsteinen verziert.

Felon', Ein weites und eingeschnittenes Priestergewand ohne Ärmel.

Galaktotrophousa, (griech. – die Milchnährende, russ. *Mlekopitalelnica)* Darstellung der stillenden Gottesmutter.

Glykophilousa, (griech. = die süß Liebende) Gottesmuttertypus, der die besonders innige Zuneigung zwischen Mutter und Kind zeigt.

Hodegetria, (griech. = Wegleiterin) Gottesmuttertypus, dessen Original von Lukas stammen soll. Die Urikone wurde in Konstantinopel in einem Kloster aufbewahrt, in dem sich auch eine Quelle befand, die Blindheit heilen sollte. Als Hodegoi (Wegleiter) wurden Mönche bezeichnet, die die Blinden zu dem Heilbrunnen führten, davon wurde auch der Name Urikone abgeleitet.

Ieromonach, Priester-Mönch.

Ikonostase, (griech. = Bilderwand) Ein meist hölzerner Aufbau in den orthodoxen Kirchen, der den Altarraum vom Gemeinderaum trennt. Die Ikonostase wird mit einer Vielzahl von Ikonen bestückt, die nach Rängen gruppiert sind.

Irmologion, Ein Gesangbuch für den Gottesdienst.

Isichazm, Eine mystische Bewegung unter griechischen Mönchen im 16. Jh., deren Verbreitung geht auf Athos zurück.

Jurodivij, (russ. = Narr in Christo) Eine besondere Art der Askese, die auf dem Glauben der Gottbegnadetheit von Narren beruhte. In Byzanz und in Rußland vertreten. Auf Ikonen wurden die Narren in Christo halbnackt und in zerissenen Kleidern dargestellt.

Kadilo, Weihrauchgefäß.

Kamilavka, Kopfbedeckung von Mönchen und Priestern, schwarz oder violett.

Kandilo, Großer, aufhängbarer Leuchter.

Kartuš, Eine architektonische Verschönerung des Barocks mit gerollten oder gekräuselten Enden.

Klobuk, Kopfbedeckung von Mönchen und Erzpriesters, bestehend aus einer Kamilavka und einem Tuch, daß in drei Teile eingeschnitten ist.

Koimesis, (griech. = Entschlafen, russ. = Uspenje) Darstellung des Entschlafens bzw. des Todes Mariä. Zu den Bestandteilen der Komposition gehört Christus mit dem Wickelkind in den Händen als Sinnbild der Seele seiner Mutter. Ferner die 12 Apostel und Bischöfe, die um die Gottesmutter trauern und häufig Apostel auf den Wolken, die zu dem Ereignis von Engeln herangeflogen werden, sowie die Bestrafung des frevelnden Jehonias, dem der Erzengel mit dem Schwert die Hände abschlägt.

Kovka, Eine alte Technik der Verarbeitung von Edelmetallen, es gibt die heiße und kalte Schmiedekunst.

Kovtscheg, (russ.) Russische Bezeichnung für das vertiefte Mittelfeld einer Ikone.

Kukul', Eine Kopfbedeckung für Mönche, bestehend aus einer Haube und einem Tuch.

Malerhandbuch, auf russ. *Podlinniki,* In Buchform versammelte Vorgaben und Vorzeichnungen für die Ikonographie der einzelnen Heiligen und Szenen, sowie Malregeln.

Mernaja Ikona, Eine Ikone, die zu Ehren des zu taufenden Kindes gemalt wurde. Sie bildet den gleichnamigen Heiligen ab; die Größe des Brettes entspricht dem Maß des Neugeborenen.

Metropolit, (griech.) Leitender Bischof einer Provinz, mit dem Sitz in der Provinzhauptstadt. Der Rang entspricht dem eines Erzbischofs.

Mitra, Eine feierliche Kopfbedeckung die Erzpriester, Äbte und tw. die „weiße" (weltliche) Geistlichkeit, an Feiertagen anlegen.

Napersnyj krest, Ein Brustkreuz, welches der Geistliche über dem Gewand trägt.

Naprestol'nyj krest, Ein verhältnismäßig großes Kreuz (30-40 cm Länge), bestimmt für die Durchführung des Gottesdienstes und die Aufbewahrung im Altarraum.

Nef, Eine längliche Einteilung der Kirche, eines Kreuz-Kuppel-Typs.

Oboron, Eine Technik des Metallschnitts, der Hintergrund senkt sich und die Zeichnung wirkt gewölbt.

Oklad, (russ.) Metallabdeckung auf Ikonen, die nur das Inkarnat (Fleischpartien) frei läßt und die bedeckten Teile der Malerei in Treibarbeit nachbildet.

Olifa, (russ.) Aus Ölen und Zusätzen bestehende Schutzschicht über der Temperamalerei auf den Ikonen.

Orans, (lat. = der Betende) Auf frühen Märtyrerbildnissen und später bei bestimmten Gottesmuttertypen (z. B. Gottesmutter des Zeichens) verwendete Gebetshaltung. Sie stellt den Heiligen frontal mit seitlich erhobenen Armen dar.

Orthodoxie, (griech. = Rechte Lehre) Ursprünglich zur Abwehr vor Ketzerei verwendete Bezeichnung für die rechte Kirchenlehre. Seit dem bis heute nicht überwundenen Schisma von 1054 Bezeichnung für die Ostkirche.

Panagia, Eine aufklappbare Ikone, die auf der Brust, über den Gewändern, getragen wird.

Panagiar, Ein liturgischer Teller für Hostien, mit Deckel.

Pantokrator, (griech. = Allherrscher, Allerhalter) Ehrenname für Christus, als den Herrscher über Himmel und Erde und den Erhalter des Alls.

Patriarch, (griech. = Stammvater) Bezeichnung für die alttestamentlichen Erzväter: Abraham, Isaak und Jakob. Auch Bezeichnung für die obersten kirchlichen Führer: den Papst, die Bischöfe von Konstantinopel, Alexandria, Antiochia und Jerusalem. In den slawischen Ländern kamen neue Patriarchate hinzu: Trnovo, Pec, Moskau und Belgrad.

Pavoloka, (russ.) Tuchschicht auf den Ikonen, die auf das Holz aufgeleimt wurde und als Träger des *Levkas* (Ikonenmalgrund) galt. Die Pavoloka schützt durch ihre Flexibilität die Malfläche vor Spannungen und Rissen des Holzes.

Plaščanica, Ein großes Leinentuch mit einer genähten Darstellung. „Die Grablegung" ist ein Bestandteil des Feiertags-Zyklus in der orthodoxen Kirche.

Platytera, (griech. = die Weitere) Gottesmuttertypus, mit der Maria in Gebetshaltung (orans) mit einem Medaillon mit dem segnenden Christuskind vor der Brust.
Nach einem byzantinischen Hymnus genannt, in dem die Gottesmutter als „deinen Leib hat Er weiter gemacht als die Himmel", bezeichnet wird.

Podlinniki, (russ.) vgl. *Malerhandbuch.*

Podvesnaja pelena, Eine auf Stoff genähte Darstellung, welches das Sujet der Ikone wiederholt.

Pokrov, (russ. = Schleier, Schutz) Gottesmuttertypus auf Ikonen, ein östliches Gegenstück zur westlichen Schutzmantel-Madonna.

Pokrovec, Velum. Ein verziertes Tuch, welches, während dem Gottesdienst, das liturgische Abendmahlsgefäß bedeckt.

Poruči, Liturgische Armgewänder, die die Hemdenden der Geistlichen zusammenhalten.

Potir, Abendmahlskelch.

Risa, (russ.) Eine andere russische Bezeichnung für *Oklad.*

Rus, Alte, ihrer Herkunft nach umstrittene Bezeichnung der Wikinger (Waräger) im Kiever Reich (9./10. Jh.) für das von ihnen beherrschte Gebiet.

Seraph, (hebr. = der Brennende, Plural: Seraphim) Sechsflügeliger Engel, als Lichtwesen am Thron Gottes dienend. Später oft mit *Cherubim* verwechselt.

Skan' (filigran'), Eine Juweliertechnik; ein einfacher und gedrehter Metallfaden wird auf eine Metalloberfläche gelötet.

Skladen', Di- oder Triptychon. Eine Ikone, die während des Gebets geöffnet wird.

Sophia, (griech. = Weisheit) Ein theologischer Begriff, der die Weisheit Gottes bezeichnet (Hagia Sophia). In der orthodoxen Ikonographie ein spezielles Thema, das vor allem in der russischen Ikonenmalerei Verbreitung fand.

Špinel', Spinell. Edelstein, bei Rotfärbung – ein edeles Rubin-Spinell.

Sponki, (russ.) Russische Bezeichnung für die in die Ikonenrückwand eingesetzten Querleisten.

Stavec, Ein kleines Gefäß für warme Speisen, mit Deckel.

Staffaž, Zweitrangige Details einer malerischen Komposition.

Stichar', Ein langes Meßgewand mit breiten Ärmeln.

Stoglav, (russ. = Hundert Kapitel) Auf der Moskauer Synode von 1551 abgefaßte Reformbeschlüsse, die der russischen Orthodoxie ein nationales Gepräge verleihen.

Stopa, Ein Trinkgefäß in Gestalt eines großen Bechers.

Stroganov-Schule, Eine in Nordrußland von den Mitgliedern der Familie Stroganov ins Leben gerufene Ikonenmalschule. Sie zeichnete sich durch einen eigenen Stil aus, der in einer minuziösen und sehr detaillierten Malweise seinen Ausdruck fand.

Synaxis, (griech. = Versammlung) In der Ikonenmalerei oft als Synaxis der Engel verwendet. Eine symmetrisch gegliederte Komposition mit den Erzengeln, wobei Michael und Gabriel in der Mitte stehen.

Tabletki, (russ. = kleine Tafel) Kleinformatige Ikonen, die von beiden Seiten bemalt sind.

Treba, Ein privater Gottesdienst, der aufgrund der Bitte eines Einzelnen oder einer Gruppe gehalten wird.

Tricheirousa, (griech. = Dreihändige) Gottesmuttertypus der Hodegetria mit drei Händen.

Trinitär, (lat. = Dreieinigkeit, Dreifaltigkeit) Nach dem Dogma der Kirche, die Dreifaltigkeit Gottes: Gott-Vater, Gott-Sohn und Heiliger Geist.

Triptychon, (griech. = Dreifach) Bezeichnung für eine Ikone mit zwei Flügeln. Mit einem Flügelaltar vergleichbar.

Tschin, (russ. = Ordnung, Rang) Bezeichnung für den Rang einer Ikonostase. Nach der hierarchischen Ordnung angebrachten Ikonenreihe einer Ikonostase.

Tzata, (russ.) Zierkragen aus Metall bei Ikonen.

Umilenie, (russ. = die Mitleidige) Russische Bezeichnung des Gottesmuttertypus *Eleousa.*

Uspenie, (russ. = entschlafen) Russische Bezeichnung der Komposition der *Koimesis* des Entschlafens Maria.

Vita-Ikone, (lat. = Leben) Ikone mit der Darstellung eines Heiligen im Zentrum, umgeben von Szenen seines Lebens.

Vjas', Eine Schönschrift, die mehrere Buchstaben in einem Zeichen verbindet.

Vladimirskaja, (russ.) Gottesmutterbild. Russische Variante der Eleousa, benannt nach der Stadt Vladimir.

Waräger, Normannen bzw. Wikinger skandinavischer Herkunft, die im 8./9. Jh. das heutige Gebiet Rußlands eroberten und tributpflichtig machten.

Žalovannyj ikonopisec, Ein Ikonenmaler der Rüstkammer, der ein Jahresgehalt und Jahreskost erhält.

Znamenie, (russ.) Russisch Bezeichnung des Gottesmuttertypus der *Platytera.*